Willi Fährmann

Der König und sein Zauberer

, 96

Zum Autor:
Willi Fährmann, geboren 1929 in Duisburg, lebt heute in Xanten am Niederrhein.
Mit seinem Gesamtwerk, für das ihm neben zahlreichen Einzelauszeichnungen der
»Große Preis der Deutschen Akademie für Kinder- und Jugendliteratur« verliehen wurde,
gehört er zu den profiliertesten Autoren der deutschen Kinder- und Jugendliteratur.
Seine im Arena Verlag erschienenen Bücher haben längst eine Auflagenhöhe
von einer Million überschritten.

Zum Illustrator:
Jindra Čapek, geboren 1953, emigrierte 1969 aus der damaligen Tschechoslowakei
und studierte nach kurzem Zwischenaufenthalt in der Schweiz an der Akademie der
Bildenden Künste in Freiburg. Er zählt zu den großen Bilderbuchkünstlern der Gegenwart;
für sein Werk wurde er mit bedeutenden internationalen Auszeichnungen geehrt.

Die Deutsche Bibliothek – CIP-Einheitsaufnahme

Fährmann, Willi:
Der König und sein Zauberer:
nach der Artussage/erzählt von Willi Fährmann.
Farbig ausgestattet von Jindra Čapek.
- 1. Aufl. - Würzburg: Arena, 1993
ISBN 3-401-04463-X

1. Auflage 1993

Einband und Innenausstattung: Jindra Čapek
Lektorat: Barbara Küper
Gesamtherstellung: Chemnitzer Verlag und Druck GmbH
Werk Zwickau
ISBN 3-401-04463-X

Der König und sein Zauberer

Nach der Artussage erzählt
von Willi Fährmann

Farbig ausgestattet
von Jindra Čapek

Orkneyinseln
SCHOTT
LAND
NORD
SEE
Pikten
Skoten
Sachsen
Hadrianswall
Swale
York
IRLAND
Lincoln
Trent
Severn
WALES
Caerleon
London
Themse
Stonehenge
Canterbury
ATLANTISCHER
OZEAN
Tintagel
Camel
Camelot
Cornwall
DER KANAL
Seine
GALLIEN

Aus einer dunklen, fernen Zeit
Ist uns ein Lied erzählt,
Von Krieg und Frieden, Leid und Streit,
Von einem König auserwählt,
Der retten soll sein Heimatland.
Artus ward er genannt.

Merlin wollt' ihm zur Seite stehn
Mit Zauberkraft und List.
Er konnte in die Zukunft sehn
Und schaun, was morgen ist.
Der stolzen Recken Geschichten
Will ich nun berichten.

ang, lang ist's her, die Zeit des Königs Artus war noch weit, da drangen römische Legionen in Britannien ein. Sie wollten die ganze große Insel einnehmen. Ihre Feldherren dachten, wenn wir erst die weite Welt erobert haben, dann wird es von Süd bis Nord und von West bis Ost nur ein einziges Reich geben, dann, ja dann wird überall Friede herrschen.

Aber das blieb ein Traum. Je weiter die Römer in Britannien nach Norden vorstießen, um so heftiger wurde die Gegenwehr der Bergvölker. Besonders die Pikten und Skoten ließen sich nicht überrennen. Geschickt und entschlossen verteidigten sie ihre Stammesgebiete. Schließlich sahen die Römer ein, daß sie das rauhe Hochland im Norden der Insel nicht unter ihre Herrschaft zwingen konnten. Sie bauten deshalb einen festen Grenzwall, um sich vor feindlichen Überfällen zu schützen. Der Wall wurde nach dem Namen ihres Kaisers Hadrianswall genannt und reich mit Wachtürmen bestückt. Vielerorts entstanden auch Kastelle. Dort lebten die Soldaten, die die Grenze bewachen sollten.

Und so konnten die Römer das eroberte Land Britannien lange Zeit vor Krieg und Zerstörung bewahren.

ber vierhundert Jahre lebten die britischen Stämme und die Römer miteinander, und es gab Zeiten des Friedens und des Wohlstandes. Doch allmählich zerfiel das Römische Weltreich, die Römer zogen sich aus Britannien zurück. Nun gerieten die britischen Stämme in Not, denn die Pikten und Skoten aus dem Norden bedrängten sie hart. Schließlich wußten die Führer der Briten, die Lords, nicht aus noch ein. Wie sollten sie ihr Land sichern?

Aber in Gallien, jenseits des Meeres, das die Insel vom Festland trennt, lebten auch britische Stämme. Die bat der Erzbischof von London um Hilfe. Der gallische König Aldroenus schickte seinen eigenen Bruder Constantin und dessen drei Söhne mit vielen Rittern auf die Insel. Zehn Jahre lang kämpfte Constantin gegen die Völker aus dem Norden. Er war so erfolgreich, daß die Lords von der Insel ihn zu ihrem König wählten.

Mit der Zeit allerdings wurde Constantin einigen britischen Lords zu mächtig. Besonders Vortigern, ein Fürst aus Wales, schaute neidisch auf ihn. Vortigern war ein grobschlächtiger Mensch mit einem brandrot wallenden Haarschopf. Er wäre selber gern König geworden. Als König Constantin hinterrücks ermordet worden war, glaubten viele, daß Vortigern seine Hand im Spiele gehabt habe. Er war es auch, der die Lords zusammenrief. Es sollte beraten werden, wer als Nachfolger Constantins zum König gewählt werden könnte.

»Wir brauchen in diesen unruhigen Zeiten schnell einen neuen König«, sagte Vortigern.

»Willst wohl selber der König sein!« rief einer der Lords.

Vortigern sah das Mißtrauen in den Gesichtern. Er tat, als ob er den

Zwischenruf nicht gehört hätte, und fuhr fort: »Constantin hat drei Söhne. Der älteste, ihr kennt ihn, ist Constans. Ich denke, wir sollten ihn zu unserem König machen.«

Die Lords staunten. »Er ist doch Mönch geworden und lebt in einem Kloster«, wandte einer ein.

»Er ist der älteste«, erwiderte Vortigern. »Und das Kloster kann er jederzeit verlassen.«

»Warum sollen wir nicht seinen Bruder Ambrosius Aurelius nehmen, der ist besser geeignet!«

»Oder seinen jüngsten Bruder Uther Pendragon. Uther ist ein guter Kämpfer!«

Die Stimmen schwirrten nur so durcheinander. Da hob Vortigern seine Hand, und es wurde still. »Wollt ihr wirklich einen starken König wählen, der euch alle unter sein Zepter zwingt?« fragte er voller Hohn.

Die Lords tuschelten miteinander. Schließlich sagte ein kleiner Alter: »Vortigern hat recht. Mit der Macht ist es wie mit einem Kuchen. Je mehr der König sich davon abschneidet, um so weniger bleibt für uns übrig. Laßt uns also das Mönchlein zum König wählen.«

Und so geschah es. Vortigern sah seinen Weizen blühen: Er blieb stets in der Nähe des neuen Königs, und es schien so, als ob er der beste Berater für ihn sei. In Wirklichkeit sorgte er dafür, daß seine eigenen Freunde nach und nach alle wichtigen Stellen am Königshof einnahmen. Er gewann soviel Macht und Einfluß in Britannien, daß ihm im ganzen Land keiner mehr gefährlich werden konnte.

Eines Tages ließ Vortigern ein großes Fest ansagen. Viele Lords folgten seiner Einladung. Nach einem langen Tag mit Kampfspielen und Vergnügungen versammelten sich alle zum Festmahl in der großen Königshalle.

Die Diener brachten herrlich duftende Braten aus der Küche und schleppten Kannen mit Wein und Bier herbei.

Kurz bevor das Schmausen begann, erhob sich König Constans. Er trug kein Königsgewand und keine Krone, denn er war seiner Mönchskutte treu geblieben und hatte die ganzen Jahre über den braunen Rock nicht abgelegt. Er begann das Tischgebet zu sprechen und wollte seinem engsten Vertrauten Vortigern für das gelungene Fest danken. Der aber hatte zuvor seine drei besten Bogenschützen auf die Galerie des Königssaals geschickt. Als nun Constans das Kreuzzeichen schlug, gab Vortigern den Schützen heimlich ein Zeichen. Sie ließen ihre Pfeile von den Bögen schnellen und trafen Constans in die Brust.

Der König fiel vornüber und riß die ganze Tafel mit sich zu Boden. Es entstand ein wildes Durcheinander, die Ritter sprangen auf und scharten sich um den König. »Verrat!« schrien sie. »Der König ist ermordet worden!«

Sie ließen die Türen der Königshalle schließen und suchten nach den Mördern. Die Schützen aber entkamen unerkannt.

Des Königs Brüder Ambrosius und Uther waren wohl die einzigen, die Vortigerns Hinterlist durchschaut hatten. Erst war ihr Vater Constantin umgebracht worden und nun auch ihr Bruder! Sie fürchteten um ihr Leben, verließen eilends mit ihren Rittern und Knappen die Königsburg und flohen übers Meer, zurück nach Gallien.

Die Lords aber wählten Vortigern zum neuen König.

ls die Pikten erfuhren, daß die Bundesgenossen der Briten die Insel verlassen und sich aufs ferne Festland zurückgezogen hatten, sammelten sie ein starkes Heer und fielen erneut in Britannien ein. Weit stießen sie in das Land vor, plünderten die Bewohner aus und zündeten Dörfer und Ortschaften an. Der Nachthimmel glühte vom Widerschein der Flammen, und die Luft roch nach Rauch. Zwar versuchte Vortigern, die Feinde mit seinen Rittern aufzuhalten, aber die Pikten waren zu stark. Auch tauchten neue Feinde auf. Immer mehr Schiffe segelten von Germaniens Küsten her nach Britannien. Dem Stamm der Sachsen waren die Wohnsitze auf dem Festland zu eng geworden. Sie machten sich unter ihren Anführern Hengist und Horsa auf die Suche nach neuem Land. Die britische Insel mit ihren fruchtbaren Böden lockte sie an; und so gerieten die Briten nun auch im Osten in Bedrängnis.

Da schmiedete Vortigern einen listigen Plan. Er rief die Lords zusammen und sagte: »Wir können nicht gegen die Pikten im Norden und die Eindringlinge im Osten zugleich kämpfen. Deshalb werde ich zu den Sachsen gehen und sie um Hilfe bitten.«

»Wie willst du unsere Feinde als Freunde gewinnen?« fragten die Lords.

Vortigern antwortete: »Wir versprechen ihnen reiche Beute, wenn sie mit uns gemeinsam gegen die Pikten ziehen.«

Und Vortimer, des Königs Sohn, rief: »Vertreiben wir mit ihrer Hilfe zuerst die Pikten! Dann ist immer noch Zeit, auch die Sachsen übers Meer zurückzujagen!«

»Er hat die Verschlagenheit seines Vaters geerbt«, sagte einer der Lords.

Andere wandten ein: »Wenn die Sachsen erst unsere Bundesgenossen sind, dann werden sie als Lohn Land von uns fordern.«

»Besser, wir überlassen ihnen freiwillig ein Stück unseres Landes, als daß wir alles verlieren«, entgegnete Vortigern.

Aber die Lords waren anderer Meinung. »Hengist, der Sachsenherzog, ist listig und grausam. Wenn du zu ihm gehst, wird er dich, unseren König, vielleicht töten.«

»Alles ist möglich«, antwortete Vortigern. Eine Weile schwieg er nachdenklich, dann sagte er: »Ich werde trotzdem den Versuch wagen. Mein Sohn Vortimer hat sich bereits in vielen Kämpfen gegen die Pikten tapfer geschlagen. Er soll, solange ich fort bin, an meine Stelle treten.«

Nun stimmte die Mehrzahl der Lords dem Plan zu, und sie ließen den König ziehen.

Nach langen, beschwerlichen Tagesritten gelangte Vortigern mit einer kleinen Schar von Rittern zu den Vorposten der Sachsen.

»Ich bin der König der Briten«, sagte Vortigern. »Ich will mit Hengist, eurem Anführer, reden.«

Darauf verband man Vortigern und seinen Männern die Augen und führte sie in die sächsische Ringburg. Doch erst am Abend ließ Hengist den König zu sich rufen. Die Wächter brachten Vortigern zu einer großen Halle, die inmitten eines Kranzes von Holzhäusern stand. Die Halle war festlich mit Fackeln erleuchtet. Rings an den Wänden saßen die Sachsen, und an der Stirnseite der Halle hatte man etwas erhöht einen hölzernen Thron aufgebaut, der mit kostbaren Tierfellen gepolstert war. Auf diesem Thron saß Hengist und neben ihm seine Frau sowie seine Tochter Renwein.

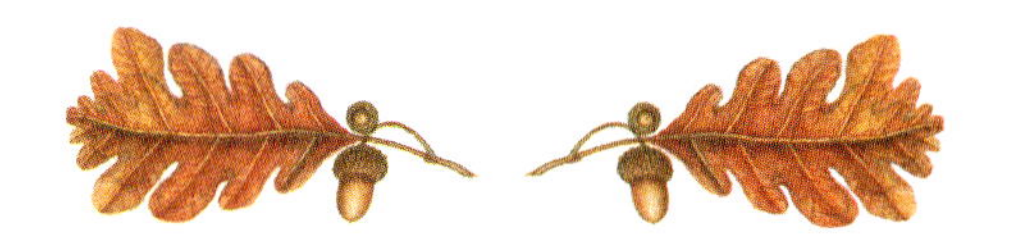

»Beuge dich nieder«, sagten die Wächter und packten Vortigern bei den Armen.

Der schüttelte sie ab und trat mit festen Schritten vor den Thron. Schon rissen die Wächter ihre Kurzschwerter aus der Scheide, doch Hengist gab ihnen einen Wink, und sie blieben zurück.

»Ich grüße dich, Hengist, Führer der Sachsen!« begann Vortigern. »Ich komme, um dich um Beistand zu bitten. Die Pikten sind in mein Land eingefallen. Laß uns gemeinsam gegen sie zu Felde ziehen.«

Hengist lächelte und fragte: »Warum sollten wir dir helfen, Vortigern? Kommt nicht eine bessere Zeit für uns, wenn die Pikten dich besiegt haben? Dann können meine Leute immer noch gegen deine Feinde aus dem Norden ziehen. Euer ganzes Land wird danach uns gehören.«

Vortigern antwortete: »Du irrst, Hengist. Die Pikten sind stark. Allein können weder wir noch ihr es schaffen, sie zu vertreiben. Sie sind zahlreich wie ein Bienenschwarm und stark wie wilde Wölfe. Nur wenn wir unsere Heere vereinigen, kann uns der Sieg gelingen.«

»Deinen Vorteil sehe ich wohl!« Hengist lachte. »Was haben wir Sachsen davon?«

»Was fordert ihr?« fragte Vortigern.

»Unsere Heimat in Germanien ist für unsere Leute zu eng geworden«, sagte Hengist. »Wir brauchen neues Siedlungsland.«

»Wenn wir gemeinsam die Pikten zurückgeschlagen haben, dann werden wir euch das Land geben, das ihr nötig habt«, versprach Vortigern.

»Wir brauchen nur soviel, wie wir mit hundert Kuhhäuten umgrenzen können.« Voller Spannung schaute Hengist Vortigern an. Würde der König auf sein Angebot eingehen?

Vortigern hob seinen Arm und schwor: »Ihr werdet das Land, das ihr

wünscht, bekommen. Gleich morgen könnt ihr die Häute auslegen!« Er reichte Hengist die Hand, und der schlug ein.

Danach bat Hengist seine Frau und seine Tochter Renwein, ein wenig zur Seite zu rücken, damit Vortigern den Platz zu seiner Rechten einnehmen konnte. Jetzt sah Vortigern, daß Renwein sehr schön war . . .

Das neue Bündnis sollte gefeiert werden. Ein am Spieß gebratener Ochse wurde von mehreren Männern hereingetragen, Diener schenkten Met in die Krüge, und es begann ein Fest, das bis tief in die Nacht währte. Spät erst sanken Vortigern und seine Leute in tiefen Schlaf.

Hengist allerdings schlief nicht. Er befahl seinen Leuten, hundert Kuhhäute herbeizuschaffen. Die ließ er von geschickten Frauen in hauchdünne Streifen schneiden und zu einem langen, langen Seil zusammenknoten. Erst als das Morgenlicht im Osten aufleuchtete, war die Arbeit beendet. Nun ließ Hengist die Briten wecken. »Wir wollen das Land, das ihr uns zugeschworen habt, abstecken«, sagte er.

Vortigern stimmte zu und lachte insgeheim über die Sachsentölpel. Hundert Kuhhäute konnten ja kein großes Stück Land umrunden. Und dann staunte er nicht schlecht, als die Sachsen begannen, das schier endlose Seil abzurollen.

»Kuhhäute hast du gesagt!« schrie er. »Was soll nun dies bedeuten?«

Da reichte Hengist ihm ein Stück des Seils, und Vortigern mußte erkennen, daß es aus dem Fell von Kühen geschnitten war. Es war ein weites Land, das die Sachsen so umgrenzten. Vortigern geriet in Zorn, weil er überlistet worden war. Aber er dachte an die Zeit nach dem Sieg über die Pikten und flüsterte seinen Leuten zu: »Hengist ist ein schlauer Mann, doch Vortigern ist klüger.«

Und er drängte zum Aufbruch.

Die Sachsen zogen gemeinsam mit den Briten den Pikten entgegen, und die Frauen und Kinder der Sachsen begleiteten ihre Männer.

»Wollt ihr eure Frauen und Kinder etwa mit in die Schlacht nehmen?« fragten die Briten verwundert.

»Das ist Brauch bei uns«, antworteten die Sachsen. »Gemeinsam siegen oder gemeinsam untergehen.«

So blieb auch Renwein bei dem Heere, und das war Vortigern recht. Er war zwar viel älter als das Mädchen und hätte ihr Vater sein können, dennoch verliebte er sich über alle Maßen in sie. Während der langen Wochen des Krieges suchte er immer wieder ihre Nähe.

Schließlich gelang es den Briten und Sachsen, das Heer der Pikten zu schlagen und zu zerstreuen. Viele von ihnen fanden den Tod, die anderen flohen in das nördliche Bergland zurück. Danach verkündete Vortigern seinen Leuten, er sei mit Renweins Vater Hengist übereingekommen und werde Renwein zu seiner Königin machen.

Das gefiel den britischen Lords ganz und gar nicht. Ja, sie grollten so sehr, daß viele von ihnen der Hochzeit fernblieben.

»Sie werden sich daran gewöhnen, daß Sachsen und Briten durch uns Verwandte geworden sind«, sagte Vortigern zu seiner Frau und schlug die Warnungen der wenigen Getreuen, die bei ihm geblieben waren, in den Wind.

Aber die Lords dachten nicht im mindesten daran, die neue Königin widerspruchslos hinzunehmen. Sie warteten ab, bis die Sachsen sich in den Landstrich begeben hatten, den Vortigern ihnen zugestanden hatte. Dann zettelten sie eine Verschwörung an und setzten Vortigern als König ab.

Statt dessen bestimmten sie, daß sein Sohn Vortimer fortan der König sein solle. Von diesem forderten sie: »Mach es wahr, was du seinerzeit

gesagt hast. Die Pikten sind besiegt, verjage also Hengist und Horsa und alle Sachsen von unserer schönen Insel!«

Und Vortimer sammelte ein großes Heer, zog gegen die Sachsen und drängte sie bis an die Küste zurück.

Als nun Renwein erfuhr, daß ihr Vater und ihr Bruder und auch ihr ganzes Volk verraten worden waren, stellte sie ihren Stiefsohn Vortimer zur Rede. »Halten die Briten so wenig von einem Schwur?« fragte sie zornig. »Ist das, was gestern ein Königswort war, heute in den Wind geblasen?«

Vortimer lachte über sie und spottete. »Deine Sachsen, das sind doch Halbwilde! Ein Schwur gilt nur von gleich zu gleich!« Er warf den Kopf in den Nacken, ging fort und ließ Renwein stehen.

Da mischte Renwein noch an diesem Tage Gift in seinen Wein. Vortimer trank davon, wand sich in Krämpfen und starb in derselben Nacht.

Nach dem Tod seines Sohnes strebte Vortigern danach, wieder König zu sein. Er überredete die Sachsen, sich nicht ganz von der Insel zurückzuziehen, und er wollte einen Versuch zur Aussöhnung wagen. Deshalb sandte er Boten zu Hengist und Horsa und auch zu allen britischen Lords. »Es muß endlich Frieden werden in unserem Land«, ließ er ihnen sagen. »Wir wollen zusammenkommen, die Briten und die Sachsen. Laßt uns beraten, wie das Blutvergießen ein Ende nehmen kann.«

Fast alle Lords folgten der Einladung, und auch von den Edlen der Sachsen fehlte keiner. Vortigern selbst war mit seiner Frau Renwein gekommen. Weil keine Halle, kein Saal die beinahe tausend Menschen fassen konnte, versammelten sie sich mitten in Britannien in weitem Rund unter einem uralten Eichenbaum, der seit Menschengedenken auf einer großen Wiese wuchs. Der Baum wurde die Bluteiche genannt. Sie

setzten sich so, daß immer ein Sachse neben einem Briten seinen Platz hatte.

Der Wind rauschte im Laub des Baumes und zauste Vortigerns Haar. Es sah aus wie eine Flamme im Morgenwind. Mit lauter Stimme sprach er: »Ihr Sachsen, meine Lords! Unsere Insel ist groß und fruchtbar. Einst haben unsere Väter gemeinsam mit den Römern hier in Sicherheit gewohnt. Das Land spendete seine Frucht, uns ging es gut, und Frieden herrschte vom Meer im Süden bis zum Hadrianswall im Norden. Wer wollte uns hindern, daß auch wir, die Sachsen und die Briten, wie Brüder in Eintracht miteinander leben?«

Hengist aber hatte den Verrat der Briten nicht vergessen. Er erhob sich und rief: »Wir Sachsen werden das verhindern!«

Er ließ einen wilden Schrei ertönen. Auf dieses Zeichen hin zogen alle Sachsen die Kurzschwerter, und jeder von ihnen stieß seine Waffe dem Briten, der zu seiner Rechten saß, in die Brust. Auch Vortigern sollte getötet werden, doch Renwein stellte sich schützend vor ihren Mann. Das war ihr eigenes Verderben; noch ehe Hengist es verhindern konnte, brachte einer der Männer sie um.

Nahezu fünfhundert Briten wurden an diesem Tage getötet. Vortigern gelang es als einzigem, auf sein Pferd zu springen und zu fliehen. Auf geheimen Wegen gelangte er bis in den Westen der britischen Insel nach Wales, weit von der Ostküste Britanniens entfernt, und war damit vorerst vor den Sachsen in Sicherheit.

n den folgenden Monaten landeten mehr und mehr Boote von Germanien her an den britischen Gestaden. Zu den Sachsen gesellten sich nun noch die Stämme der Jüten und Angeln. Sie besiedelten das Land vom Osten her und drängten die Briten allmählich immer weiter nach Westen zurück. Viele von ihnen flohen schließlich über das Meer zu ihren Stammesgenossen nach Gallien. Vortigern aber verschanzte sich in einer festen Burg nahe der walisischen Küste.

»Was sollen wir tun?« fragte er seine Ratgeber.

Die schlugen ihm vor, einen mächtigen Turm errichten zu lassen. »Dort drinnen werden wir Vorräte lagern. Unsere Feinde kommen und gehen wie Flut und Ebbe des Meeres. Wenn sie hierher kommen, werden wir uns in den Turm zurückziehen und ihren Ansturm überleben.«

Darauf befahl Vortigern, große Steine, Sand und Kalk herbeizuschaffen. Wenige Tage später begannen die Bauleute, das Fundament eines gewaltigen Turmes zu legen. Am Abend des ersten Tages schon konnte man Mauern aufragen sehen.

Doch dann geschah etwas Unheimliches. In der Nacht bebte die Erde, und das, was die Maurer am Tage aufgerichtet hatten, stürzte ein. Und so ging es auch in der folgenden Zeit: Die Bauleute strengten sich an, und am nächsten Morgen lag alles wieder in Trümmern.

Vortigern ließ Wahrsager rufen. Die berieten sich und sagten: »Du mußt eine pechschwarze Ziege herbeischaffen lassen. Wir werden sie schlachten und ihr Blut über die Steine fließen lassen. Das wird den Zauber bannen.«

Das Tier wurde gefunden, und das Blut floß. Dennoch war am nächsten Morgen wieder alles in sich zusammengefallen, was die Bauleute zuvor gemauert hatten.

»Wenn das Blut der Ziege nicht wirkt, dann ist ein fehlerloses Schwarzrind nötig«, sprachen die Wahrsager. Aber auch das Rinderblut half nicht. Selbst ein feuriger schwarzer Hengst wurde geopfert, und Morgen für Morgen bot sich das gleiche Bild: zerstörte Mauern, gebrochene Balken.

Da ahnten viele, daß noch größeres Unheil über ihr Land kommen werde, und sie flüsterten insgeheim untereinander: »Wir brauchen einen neuen, starken König, der unsere Stämme vereint und uns aus unserem Elend herausführen kann!«

Einer der weisen Männer riet unterdessen zu einem letzten Versuch, den unheimlichen Zauber zu lösen, der über dem Bauwerk lag. »Ein Kind«, raunte er, »ein Kind, das keinen Menschen zum Vater hat . . . Ein solches Kind kann jeden Zauber zunichte machen. Wir benetzen mit seinem Blut die Steine, und der Fluch, der über dieser Stätte liegt, wird endgültig weichen!«

Vortigern ließ in der ganzen Gegend nach einem solchen Kinde forschen und sandte viele Boten aus. Einer von ihnen gelangte zuletzt vor das Nonnenkloster Kaermerdin.

Dort luden die frommen Frauen ihn ein, einzutreten und mit ihnen das Nachtmahl zu halten. Nach dem Mahle fragte die Äbtissin den Boten nach seinem Begehr.

Als er sagte, was er suchte, wurden die Frauen merkwürdig still, und ihre Blicke richteten sich auf eine ihrer Mitschwestern. Sie war eine Königstochter und vor Jahren schon in das Kloster eingetreten. Irgendwann hatte sie ein Kind geboren und mit der Hand auf der Bibel geschwo-

ren, daß nie ein Mann bei ihr gewesen sei. Wohl sei mehrmals des Nachts eine lichte Gestalt zu ihr in die Zelle gekommen, ein Engel vielleicht ...

Die Nonnen, so berichtete die Äbtissin, hatten dem Jungen den Namen MERLIN gegeben. In den ersten Jahren hatte eine sehr alte und weise Nonne das Kind in ihre Obhut genommen, aber dann war dies der Äbtissin nicht ganz geheuer vorgekommen, weil die alte Frau ihm allerlei Zaubersprüche beigebracht und ihn in geheime Künste eingeweiht hatte. Sie sagte: »Schließlich haben wir ihn, als er zehn Jahre alt war, einem Einsiedler anvertraut. Dort lebt er seit vier Jahren.«

Die Äbtissin seufzte auf und fuhr fort: »Es ist uns nicht leichtgefallen, das Kind wegzugeben. Es war, als ob wir alle seine Mütter gewesen wären.«

»Und richtig war es auch nicht!« sagte die alte Nonne, die den Jungen aufgezogen hatte. »Der da draußen in seiner Höhle weiß noch viel mehr Zauberwerk als ich. Er kennt sich aus mit ...«

»Schweig still!« unterbrach die Äbtissin sie scharf. Sie wandte sich an den Boten. »Du siehst«, sagte sie, »dies ist vielleicht das Kind, das du suchst. Es hat nach allem, was wir wissen, keinen Menschen zum Vater.«

Inzwischen war es Nacht geworden, und der Bote wurde in das Gastzimmer geführt. Am nächsten Morgen erkundigte er sich, wo der Einsiedler seine Wohnhöhle hatte, und zog gleich nach dem Gottesdienst los.

Noch am selben Tag fand der Bote den alten Mann und sagte zu ihm: »Der König braucht den Jungen, der dir vom Kloster übergeben worden ist.«

»Das ist kein Junge wie jeder andere«, sagte der Alte leise. »Es schlummern geheime Kräfte in ihm. Und ich sage dir, er wird all seine Zauber-

kräfte daransetzen, damit Britannien einen neuen König bekommt, einen König, der unser Land retten wird und ein Reich des Friedens errichtet.«

Der Bote dachte: Du Alter redest und weißt nicht, was, und er drängte den Einsiedler, Merlin herbeizuholen. Tatsächlich rief der Alte den Namen des Jungen in die Höhle hinein, und sogleich trat Merlin aus dem Dunkel ins Licht. Er war von zarter Gestalt, und seine Schultern zeichneten sich mager und schmal unter dem weißen Umhang ab, den er trug. Seine Haut war sonnenbraun, und das schwarze, krauslockige Haar stand ihm wirr um den Kopf. Das seltsamste waren seine Augen. Groß und stahlblau leuchteten sie in seinem Gesicht.

Der Bote konnte dem Blick des Jungen nicht standhalten und senkte seine Lider. »Ich muß dich zu meinem Herrn bringen«, sagte er.

»Ich weiß es«, erwiderte Merlin, holte sein Bündel aus der Höhle und kniete vor dem Alten nieder. Der Einsiedler legte dem Jungen seine Hände auf den Kopf und murmelte einen Segensspruch.

Nun folgte der Junge dem Boten ohne Zaudern.

Der Bote berichtete Vortigern, was er von den Nonnen und dem Einsiedler über Merlin erfahren hatte, und viele hörten die Voraussage über einen Friedenskönig. Diese Rede wurde von Mund zu Mund weitergegeben.

Vortigern aber glaubte nicht, was von Merlins Geburt erzählt worden war, und ließ noch einmal einen weisen Mann befragen. Der sagte: »Vielleicht ist Merlin ein Göttersohn. Dann kann sein Blut tatsächlich die bösen Geister bannen, die nächtens deinen Turm zerstören.«

Merlin hatte diese Worte mit angehört. Er begann laut zu lachen. Alle wunderten sich darüber, und Vortigern fragte ihn: »Fürchtest du dich denn nicht davor, geopfert zu werden?«

Merlin trat keck vor den König und antwortete: »Diese alten Männer führen dich an der Nase herum. Nicht das Blut von Tier oder Mensch kann deinen Turmbau retten, vielmehr ist es so, daß die schweren Steine in dem sumpfigen Gelände einsinken. Deshalb stürzen die Mauern jede Nacht zusammen, die ihr über Tag aufgerichtet habt.«

»Er ist ein ganz gerissenes Bürschchen!« Die Ratgeber des Königs erbosten sich und redeten auf Vortigern ein. Doch der schaute Merlin nachdenklich an. Er gebot Ruhe und fragte den Jungen: »Was schlägst du vor?«

»Sümpfe können trockengelegt werden«, antwortete Merlin.

Darauf sagte Vortigern zu den Ratgebern und den Lords: »Ich bin ein alter Mann. Ich will nicht, daß das Blut dieses Jungen über mich kommt. Laßt uns versuchen, wozu er uns rät.«

Nun gruben die Bauleute Sickerlöcher, um das Wasser zu sammeln, und zogen Gräben, damit es abfließen konnte. In einem See sollte es zusammenlaufen. Und Vortigern sah, daß Merlins Plan gelingen konnte. Er blickte voll Freude auf das trockengelegte Land und auch über den See, der das Tal zu füllen begann.

An diesem Tag mußten die Bauleute bis zum Sonnenuntergang arbeiten. Vortigern selbst stand noch bis in die Nacht hinein am Rande des Sees und überlegte, wie es am nächsten Morgen weitergehen sollte. Doch als die Nacht am schwärzesten war, da tauchten aus Nebelschwaden und Naß mit einem Male zwei furchtbare Drachen auf. Der eine war brandrot und der andere schlohweiß. Feueratem quoll aus ihren Nüstern, und ihre Schuppenpanzer glänzten wie Gold und Silber. Sie fuhren aufeinander los und kämpften.

Die Erde erzitterte, so mächtig waren die Prankenschläge der Drachen. Wasserfontänen schossen hoch in die Luft, und die Drachen-

schwänze peitschten die Flut zu weißer Gischt. Der rote Drache mußte bis ans Ufer zurückweichen. Ein schrecklicher Klageschrei hallte auf und wurde von den Bergwänden als Echo zurückgeworfen. Schon schien der weiße Drache zu triumphieren und richtete sich hoch empor, als der rote noch einmal gegen ihn rannte und ihn in den See zurücktrieb.

Mit dem Morgenlicht schließlich verschwanden beide Drachen wieder, und der See lag friedlich da.

Erst glaubte Vortigern, ein Wahngebilde habe ihn genarrt. Doch dann sah er, daß von dem Beben der Erde sein Turm wieder in Trümmer gesunken war.

In der nächsten Nacht nahm er seine Ratgeber mit an den See, und auch sie sahen den erbitterten Kampf der Untiere. Keiner wußte, was das zu bedeuten hatte. »Frag doch deinen kleinen Zauberer«, spotteten die Ratgeber. Da ging der König in der dritten Nacht mit Merlin ans Ufer.

Der Mond schien silbrig, und der See lag wie ein Spiegel. Plötzlich geriet das Wasser in Wallung, die Drachen tauchten empor, und der Kampf verlief genau wie in den Nächten zuvor. Zuerst wurde der rote Drache ans Ufer gedrängt und schien verloren, doch zuletzt jagte er den weißen Drachen zurück in den See.

»Was bedeutet das alles?« fragte Vortigern den Jungen.

Merlin stand unbeweglich, und seine Augen blickten starr in das Mondlicht. Er begann mit einer seltsam hohen Stimme zu reden.

»Weh uns!« rief er. »Der rote Drache, das ist unser Volk, und der weiße, das sind die Männer von jenseits des Meeres. Sie werden unser Land hart bedrängen. Dörfer und Städte sehe ich im Feuer versinken. Unsere Kirchen werden sie schleifen und auf den Altären schlimme Spiele treiben. Viel Blut wird fließen!

Doch das ist nicht das Ende. Es wird ein neuer König kommen. Er wird

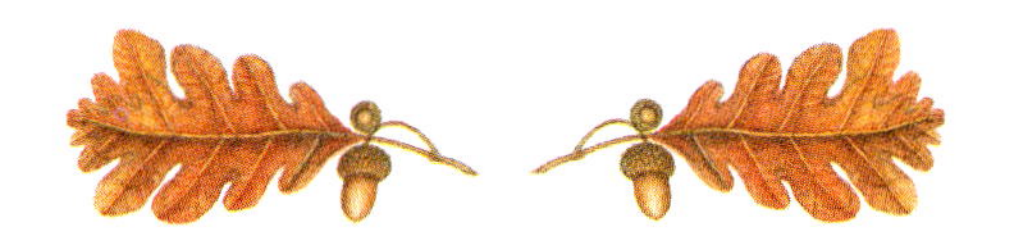

wie ein starker Eber sein und unser Volk vor den Feinden erretten. Du aber, Vortigern, wirst in Glut und Brand umkommen. Zuviel Blut klebt an deinen Händen. Du hast den König Constantin umgebracht und auch seinen Sohn, den Mönchskönig. Seine Brüder, Ambrosius und Uther Pendragon, drehen schon die Segel ihrer Schiffe in den Wind. Sie kommen vom Festland her und wollen die Mordtaten rächen!«

Von Merlin ging eine seltsame Kraft aus. Vortigern war tief betroffen. Er glaubte den Weissagungen des Knaben und wollte fliehen. Aber wohin sollte er sich wenden? Und weil die Drachen von jener Nacht an nicht mehr auftauchten und die Erde ruhig blieb, ließ er eilends den Turm errichten und große Vorräte hineintragen. Um seine Angst zu verbergen, prahlte Vortigern: »Die Mauern sind so stark, die kann kein Feind zum Einsturz bringen.«

Bald darauf kamen die Brüder Ambrosius Aurelius und Uther Pendragon tatsächlich nach Wales. Die meisten Menschen in Britannien hatten sich längst von Vortigern abgewandt, weil sie spürten, daß die Angst ihn gepackt hielt und er nur daran dachte, die eigene Haut zu retten. Viele begrüßten deshalb freudig die Ankunft von Ambrosius und Uther. Diese ließen um den Turm herum einen riesigen Haufen Holz schichten und ein Feuer legen. Himmelhoch schlugen die Flammen, die Steine erglühten, und Vortigern kam in der Feuersbrunst um.

So zeigte sich, daß Merlin das Schicksal Vortigerns richtig vorausgesagt hatte.

mbrosius Aurelius wurde nun von den Lords zum neuen König der Briten gewählt. Das Volk schöpfte frische Hoffnung; viele folgten seinem Ruf, als er ein großes Heer gegen die Sachsen aufstellen wollte. Diese hatten inzwischen viel Land im Osten Britanniens unter ihre Herrschaft gebracht. Und tatsächlich gelang es Ambrosius, die Sachsen zurückzudrängen.

Eines Tages erzählten die Lords dem König von Merlin und berichteten von den Zauberkräften des jungen Mannes. Da ließ Ambrosius ihn kommen und sagte: »Ich höre, du bist trotz deiner Jugend schon ein weiser Mann. Ich will, daß das Volk nicht vergißt, wie die Sachsen uns an der Bluteiche verraten haben. Immer wollen wir daran denken, daß damals unsere besten Männer heimtückisch von Hengist und seinen Leuten ermordet worden sind. Rate mir, was kann ich tun, damit mein Vorhaben gelingt?«

Merlin antwortete: »Weit im Westen, auf der Insel der Iren, gibt es einen Kreis von Riesensteinen. Von ihnen gehen geheime Kräfte aus. Laß sie herüberholen und mitten in unserem Land zu einem Heiligtum aufrichten. Dann werden die Menschen noch in fernen Zeiten an jene Männer denken, die dem Verrat zum Opfer fielen.«

»Mir scheint«, sagte Ambrosius Aurelius, »das ist ein guter Vorschlag. Wir wollen Schiffe ausrüsten, und du, Merlin, sollst ihnen den Weg weisen!«

So geschah es. Ein stetiger Wind trieb die Schiffe in eine stille Bucht an Irlands Küste. Bald hatten die Männer den Ring der Riesensteine erreicht, und sie versuchten, die gewaltigen Steinbrocken aus dem Boden

zu lösen. Sie gruben und zerrten und hoben und stemmten, aber es gelang ihnen nicht, die Steine auch nur ein wenig zu lockern, so sehr sie sich auch anstrengten.

Einen ganzen Tag lang schaute Merlin dem Treiben zu. Am Abend fuhr der Anführer der Gruppe Merlin aufgebracht an: »Du hast uns zum Narren gehalten! Nie wird es uns gelingen, diese Steinriesen nach Britannien zu schaffen.«

Doch Merlin lachte über ihn und sagte: »Morgen werde ich euch zeigen, wie eine solche Arbeit getan werden muß.«

In der Nacht sprach er einen großen Zauber über den Ort, und es gelang am Morgen auf seine Anweisungen hin, die Steine ohne große Anstrengungen durch Keile und Hebel auf Rollen zu legen und zur Küste zu schaffen. So zeigte Merlin erneut seine Künste.

Tief lagen die Schiffe im Wasser, als die Steine verladen worden waren. Da die See ruhig blieb, gelangte die Flotte sicher nach Cornwall. Dann wurde, wie Merlin geraten hatte, mitten im Land der neue Ring der Riesen errichtet. Ambrosius Aurelius weihte mit einem großen Fest diese Gedenkstätte ein. Aus allen Landesteilen kamen die Lords herbei, und viel Volk strömte zusammen. Der Ort wurde Ambrosiusberg genannt. Viele waren überzeugt, daß der Ring der Riesen das Zeichen war, das die Briten zusammenschweißen könnte, was immer auch das Schicksal für sie bereithielt.

Doch das Land sollte keine Ruhe finden. Die Menschen in Irland und ihr König Gillomanius nämlich trauerten den heiligen Steinen nach und wollten sich für den Raub rächen. Zudem hatte sich ein Sohn Vortigerns, Herzog Paschent mit Namen, nach dem Tode seines Vaters nach Germanien geflüchtet und versuchte dort, Kämpfer zu finden, die für ihn das

Reich zurückerobern sollten. Schließlich waren auch die Sachsen nicht endgültig besiegt, und sie hatten immer noch nicht den Plan aufgegeben, Britannien für sich zu gewinnen. Feinde hatte Ambrosius also genug.

Und dann geschah es: Wie immer es gelungen sein mochte, den Mundschenk des Ambrosius zu bestechen, eines Morgens fanden seine Leute den König tot in seinem Bett. Als Merlin eilig herbeigerufen wurde, sagte er: »Seht, die Leiche hat sich grünschwarz verfärbt. Der König ist vergiftet worden. Ich kann ihn nicht mehr ins Leben zurückrufen.«

So traf die Briten neues Unglück. Doch trotz allem erinnerten sich die Menschen immer wieder an das, was vormals berichtet wurde: Durch Merlin sollte eines Tages ein neuer König kommen, der ein Reich des Friedens errichten würde. Und die Hoffnung auf eine bessere Zukunft erlosch in Britannien nicht.

Noch am Tag des Todes von Ambrosius Aurelius wurde Uther Pendragon, der jüngere Bruder, zum König ausgerufen. Auf Merlins Rat hin führte Uther bald darauf sein Heer gegen die andrängenden Feinde. Entschlossen und kühn wurde zuerst Paschent, der Sohn Vortigerns, mit seinen Germanen niedergekämpft. Die irischen Krieger hatten sich zwar inzwischen an Britanniens Westküste festsetzen können, aber es gelang Uther in stürmischen Angriffen, sie übers Meer zurückzuschlagen. Erst als die Briten gegen die Sachsen zogen, wendete sich das Kriegsglück, und Uther wurde besiegt.

Mit knapper Not gelang es den Resten seines Heeres, auf einer flachen Bergkuppe einen Erdwall aufzuschütten, der Schutz für die Nacht bieten sollte.

Mutlos hockten die Lords an jenem Abend im Schein ihrer Feuer. Im Tal hatten die Sachsen ihr Lager aufgeschlagen und feierten lauthals ihren Erfolg. Uther saß zusammengesunken vor seinem Zelt und grübelte, wie er sich aus dieser schrecklichen Lage befreien könnte.

Da trat der Herzog von Cornwall, Gorlois, zu ihm und sagte: »Uther, mein König, es gibt nur einen einzigen Versuch, der vielleicht unsere Rettung bedeuten könnte.«

Uther war entmutigt von der Niederlage. Er schaute den Herzog an, und es war, als ob sein Blick von weither käme. »Was schlägst du vor?« fragte er leise.

Gorlois antwortete: »Die Sachsen sind trunken vom Sieg und vom Met. Seit Stunden feiern sie in ihrem Lager. Bald werden sie in einen bleiernen

Schlaf sinken. Wenn wir uns dann zu ihren Zelten schleichen, sie überfallen und Brand und Tod säen, ist uns vielleicht das Schlachtglück noch einmal hold.«

Uther war während der Worte von Gorlois hellwach geworden. »Es ist ein verzweifelter Versuch«, sagte er. »Unsere Ritter und Reiter sind erschöpft und niedergeschlagen. Aber vielleicht ist das die letzte Gelegenheit, uns vor den Sachsen zu retten.«

Uther ließ die Lords in sein Zelt rufen. Alle Mattigkeit war von ihm gefallen. Er warb in bewegten Worten für Herzog Gorlois' Plan, und seine Zuversicht sprang auf die anderen über. Alle stimmten zu, die einen nachdenklich und von Zweifeln geplagt, die anderen begeistert und voll Zuversicht. Mitten in der Nacht weckten sie nun ihre Leute und schärften ihnen ein, daß kein harter Tritt, kein Waffengeklirr ihr Vorhaben verraten dürfe. Alles komme darauf an, möglichst unbemerkt und möglichst nahe an das Lager der Sachsen heranzugelangen.

Als die Briten sich hügelabwärts auf den Weg machten, lag ein dünner Nebel über dem Tal. Die Feuer im Sachsenlager waren niedergebrannt, die schläfrigen Wachen wurden überrumpelt. Die Briten entzündeten Fackeln und schleuderten sie in die Zelte. In Panik griffen die Sachsen zu ihren Waffen, aber es gelang ihnen nicht, eine Schlachtreihe zu bilden. Die Briten hieben und stachen alles nieder, was sich ihnen in den Weg stellte. Da erkannten die Anführer der Sachsen, daß sie verloren waren, und verfluchten ihren Leichtsinn. Mit den Resten ihres Heeres flohen sie durch die Wälder und Sümpfe der Küste zu, wo ihre Schiffe vertäut lagen.

Mit diesem Sieg war Uthers Königtum endgültig gesichert.
Er lud alle Lords und seine Ratgeber – darunter auch Merlin – zu einem Freudenfest nach London ein. Mit großem Gefolge reisten die Lords

herbei und brachten ihre Frauen und Kinder sowie ihre tapfersten Kämpfer mit.

Herzog Gorlois von Cornwall, der Held der Sachsenschlacht, kam mit seiner Frau Ygerna von der Burg Tintagel nach London; ihre drei Töchter waren in der Obhut des Burgvogtes zurückgeblieben. Dem Herzog wurde ein Platz nahe dem Königsthron zugewiesen. So ehrte Uther den Mann, der den rettenden Plan zum nächtlichen Überfall gehabt hatte.

Neben Gorlois saß Ygerna. Uther hatte die Frau des Herzogs nie zuvor gesehen, doch ihre große Schönheit wurde in Liedern besungen, und sie galt als die schönste Frau in ganz Cornwall. Dieser Ruf hatte Uther neugierig gemacht. Als Ygerna nun vor ihn hintrat, ihn begrüßte und ihr Knie vor ihm beugte, war Uther wie bezaubert. Hastig sprang er auf, faßte sie bei der Hand und zog sie empor. Viel zu lange hielt er ihre Hand – so dachten jene, die es sahen.

An diesem Festabend hatte Uther nur noch Blicke für Ygerna. Er schaute nicht auf die Gaukler, die ihre Künste zeigten, hörte nicht die Lieder der Sänger, sah nicht die schönen Bewegungen der Tänzerinnen. Ygernas Liebreiz schlug ihn ganz und gar in den Bann. Ab und zu tuschelte er ihr hinter Gorlois' Rücken ein paar Worte zu, und Ygerna errötete.

Irgendwann während des Festes ließ Uther dann seinen kostbaren Goldbecher mit edlem Wein füllen, trank einen Schluck daraus und reichte ihn zu Ygerna hinüber. Wenn sie den König nicht kränken wollte, mußte sie trinken. Gorlois aber hatte finsterer und finsterer dem Treiben des Königs zugeschaut. Jetzt flüsterte er seiner Frau zu: »Ich gehe nach draußen. Bitte folge mir ein Weilchen später nach.«

Das tat Ygerna. In einem Augenblick, als Uther von einem Lord in ein kurzes Gespräch verwickelt wurde, schlüpfte sie hinaus. »Wir müssen

fort«, sagte sie zu ihrem Mann, »denn der König wird zudringlich. Ich weiß nicht mehr, wie ich mich ihm entziehen soll!«

Da beschloß Gorlois, heimlich die Pferde satteln zu lassen, und er verließ mit seinen Leuten ohne Abschied die Stadt.

Erst später bemerkte der König, daß Gorlois und sein Gefolge verschwunden waren. Ein großer Zorn packte ihn. Am liebsten hätte er den Herzog verfolgt und in Ketten zurückgeschleppt. Seine Berater dagegen sagten: »Dafür gibt es keinen Grund! Sende ihm Boten nach. Gorlois soll sich bei dir entschuldigen, weil er ohne Abschied gegangen ist. Und fordere ihn auf zurückzukehren. Nur wenn er sich diesem Befehl widersetzt, hole ihn mit Gewalt.«

Als die Boten die Forderung überbrachten, ließ Gorlois ihnen die Kleider wegnehmen, gab ihnen rauhe Säcke, mit denen sie sich bekleiden sollten, und schickte sie mit Spott und Hohn nach London zurück. Seit dieser Stunde waren König Uther und der Herzog von Cornwall Feinde.

Gorlois brachte Ygerna zu seinen drei Töchtern auf seine sichere Burg nach Tintagel. Die lag auf einer Klippe hoch über dem Meer und war nur über einen schmalen Felsengrat zu erreichen. Es bedurfte nur weniger Leute, um diesen Zugang sicher zu verteidigen. Der Herzog selbst sammelte ein Heer und verschanzte sich mit ihm in einem festen Lager, eine Tagesreise von Tintagel entfernt.
König Uther zog nun mit vielen Kriegern nach Cornwall. Die Dörfer und Weiler wurden niedergebrannt und die Burgen geschleift. Endlich trafen der König und seine Truppen auf Gorlois' Lager. Tagelang ließ Uther die Wälle berennen, aber immer wieder gelang es Gorlois, ihn blutig zurückzuschlagen.

König Uther lief unterdessen rastlos umher, feuerte seine Männer an

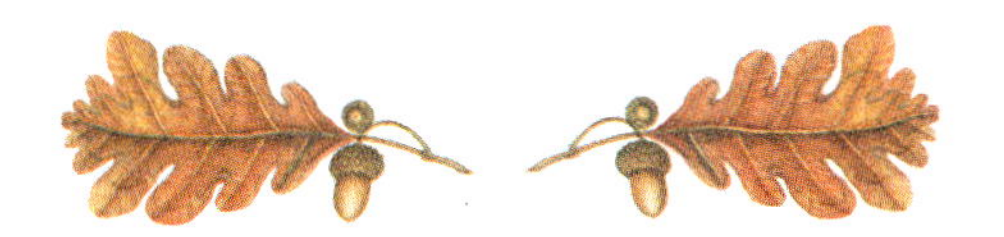

und wurde von Tag zu Tag ungeduldiger. Seine Gedanken kreisten nur um Ygerna. Des Nachts fand er kaum Schlaf, und seine Augen brannten.

»Was ist mit dir?« fragte ihn schließlich sein Freund Ulfin. »Wir werden Gorlois noch einige Tage belagern, dann ist seine Feste sturmreif!«

»Das ist es nicht, was mich bedrückt«, antwortete Uther mißmutig.

»So sag mir doch, was dich quält«, drängte Ulfin. »Wenn man sich seine Sorgen von der Seele geredet hat, dann ist einem leichter ums Herz.«

»Es ist Ygerna«, gestand Uther. »Ich kann keinen klaren Gedanken mehr fassen. Ich bin von ihr bezaubert und finde vor Sehnsucht nach ihr nicht Rast noch Ruh. Stets habe ich ihr Bild vor Augen, und es ist, als ob mir das Mark aus den Knochen gesaugt würde.«

Ulfin, der Freund, wiegte seinen Kopf und sagte: »Tintagel ist eine Burg, die niemand erobern kann. Das tapferste Heer hätte keine Möglichkeit, über den schmalen Felsengrat dort einzudringen. Es könnte uns nur eine List helfen. Wenn wir . . .«

»Was ist?« fragte der König ungeduldig, »was meinst du?«

»Wir müßten Merlin fragen«, sagte Ulfin. »Er ist ein erfahrener Mann, und viele sagen, Merlin verfüge über Zauberkräfte.«

Uther erinnerte sich, daß Merlin ihm schon häufiger gut geraten hatte, und ließ ihn rufen. Merlin verlangte sogleich, allein mit dem König zu reden. Mit einer Handbewegung sandte Uther seine Männer aus dem Zelt.

»Ich kann dir helfen, daß du in die Burg Tintagel hineingelangst und bei Ygerna liegen wirst«, verkündete Merlin. »Aber zuvor mußt du mir schwören, daß du mir euer erstgeborenes Kind übergibst. Ich versichere dir, es wird eine gute Erziehung bekommen, und es wird ihm an nichts fehlen.«

Merlin sagte dies, weil er wußte, daß jenes Kind einmal der schon so

lange erwartete König Artus sein werde – der König, in dessen Land Gerechtigkeit und Friede herrschen würden.

Uther aber hätte wohl seine eigene Seele versprochen, wenn Merlin sie verlangt hätte, und er schwor, wie der Zauberer es forderte. Daraufhin kleidete Merlin den König in andere Gewänder, färbte ihm das Haar, bestrich sein Gesicht mit einem Sud aus Kräutern und murmelte Zaubersprüche. Dann reichte er dem König einen Spiegel. Der schaute hinein und erschrak. Er glich seinem Herzog Gorlois wie ein Ei dem anderen.

Merlin verwandelte sich auch selbst und sah schließlich aus wie Gorlois' Diener. Zusammen ritten sie nach Tintagel.

Als sie dort anlangten, redete Merlin die Wache an: »Herzog Gorlois sehnt sich nach seiner Frau und seinen Töchtern. Er nützt die Nacht, um nach ihnen zu sehen.«

Er schlug seine Kapuze zurück, und die Wächter glaubten, im Mondlicht des Herzogs Diener zu erkennen. Sie gaben den Weg frei. Es kam ihnen zwar merkwürdig vor, daß die Hunde ihren Herrn ankläfften, doch sie dachten sich nichts Böses.

Uther wurde von Merlin geradewegs in Ygernas Kammer geleitet. Sie schlief schon. Nur weil ihr kleiner Hund die Zähne fletschte, knurrte und laut bellte, wurde sie wieder wach. Sie zündete eine Kerze an und sah einen Mann, den sie für Gorlois hielt.

»Wie schön, daß du mich besuchst!« sagte sie und freute sich.

Der Hund gab unterdessen keine Ruhe und hörte nicht auf mit seinem Lärmen. Sie mußte darüber lachen und sagte: »Du darfst nicht mehr so lange von mir fortbleiben, Herzog. Du siehst, der Hund erkennt dich schon nicht mehr!« Und sie rief ihre Magd herein und befahl ihr, das Tier hinauszuschaffen.

Uther aber schlief bei ihr und blieb, bis der Morgenstern zu sehen war.

In dieser Nacht zeugten Uther und Ygerna einen Sohn, der später den Namen ARTUS erhielt.

Es war früh am Tag, als Merlin und Uther wieder beim Heer anlangten. Eine überraschende Nachricht wartete auf sie: Gorlois hatte noch einmal versucht, was ihm bereits bei den Sachsen gelungen war, er hatte nächtens mit seinen Männern sein Lager verlassen, um das feindliche Heer im Schlaf zu überrumpeln. Aber diesmal hatten die Wächter die Angreifer früh entdeckt und leise ihre Leute geweckt. Als Gorlois den Befehl gab, das Lager des Königs zu stürmen, empfing ihn ein Hagel von Pfeilen. Er selbst wurde zwischen Helm und Brünne getroffen und fand den Tod. Seine Ritter flüchteten, sobald sie sahen, daß der Herzog tot war, in ihre Befestigung zurück.

Uther nahm die Nachricht von Gorlois' Tod stumm auf; er erkannte sogleich, daß Ygerna damit frei war, und eine geheime Freude vertrieb alle anderen Gefühle. Da die Lords aus Cornwall, die für Gorlois so tapfer gestritten hatten, nun ihre Unterwerfung anboten, zeigte er sich großmütig und ließ sie mit ihren Waffen und Pferden in Ehren ziehen. Dieses Verhalten machte ihm viele Freunde unter denen, die ihn Stunden zuvor noch erbittert bekämpft hatten.

Danach ritt Uther nach Tintagel zurück, und er sorgte dafür, daß die Botschaft vom Tod Gorlois' schon vor seiner Ankunft bis zu Ygerna gelangte.

Die Herzogin beklagte ihr Los heftig und rätselte zugleich, wie es sein konnte, daß ihr Mann noch bei ihr gewesen war, während er doch schon den Tod in der Schlacht gefunden hatte. Sie fühlte sich einsam und schutzlos.

Deshalb gab sie schon dreizehn Tage später dem Werben Uthers nach und wurde seine Königin.

Als sie aber bald darauf spürte, daß sie ein Kind zur Welt bringen würde, war sie sehr bedrückt. Wer war der Vater? Sie geriet immer tiefer ins Grübeln. Ihr kleiner Hund fiel ihr ein, und sie dachte: Das Tier ist klüger gewesen als ich. Es hat gemerkt, daß es nicht Gorlois war, der bei mir schlief. Und sie ließ dem Tier ein goldenes Halsband schmieden.

Schließlich vertraute sie sich Uther an und erzählte ihm, was sich in jener Nacht auf Tintagel zugetragen hatte. Der König war froh, daß seine Frau keine Heimlichkeiten vor ihm hatte, und löste das Rätsel. Und weil sie an seine große Liebe zu ihr glaubte, verzieh sie ihm.

Pünktlich nach neun Monaten wurde dann ein Junge geboren. In eben jener Nacht kam Merlin in die Burg und begehrte den König zu sprechen. Er erinnerte Uther an seinen Königsschwur.

»Was willst du mit meinem Sohn anfangen?« fragte Uther ihn.

Merlin antwortete: »Zu seinem Schutze will ich ihn in ein anderes Haus bringen. Der Neid der britischen Lords auf dich ist nicht ganz verschwunden! Schon oft sind in diesem Land Königssöhne vergiftet worden. Ich werde den Jungen zu einem tüchtigen Ritter geben. Er heißt Sir Ector. Seine Frau hat bereits einen Sohn geboren, sein Name ist Kay. Artus soll sein Milchbruder werden, und nur du, Sir Ector und ich wissen davon. Dort ist Artus sicher. Sir Ector wird ihm alles beibringen, was ein Ritter können muß. Er wird ihn gut darauf vorbereiten, daß er einst in Britannien ein großer König sein kann . . .«

Merlin sprach einen Zauber über Ygerna aus, daß ihr das Kind aus dem Sinn kam. Dann ließ Uther seinen Sohn in weiche Tücher einschlagen, legte seinen goldenen Königsmantel über ihn und übergab ihn Merlin. Der aber trug den Neugeborenen hinaus und legte ihn Sir Ector in den Arm.

ir Ector hielt Artus wie seinen eigenen Sohn und hatte seine Freude an dem Jungen. Schon früh begann er, ihn die sieben Künste der Ritter zu lehren: das Reiten und Tanzen, das Bogenschießen und Lanzenstechen, das Schwerterschlagen und Lautespielen und schließlich das Austeilen von Gaben an die Armen.

Fünfzehn Jahre lang lebte Artus so bei Sir Ector. Merlin war während dieser ganzen Zeit Uther Pendragons wichtigster Ratgeber und wurde wegen seiner Weisheit von den Freunden des Königs geschätzt und von seinen Feinden gefürchtet. Dann starb Uther Pendragon, betrauert von seiner Frau und dem Volke. Sogleich setzte im ganzen Land ein Rätseln darüber ein, wer nun der neue König werden sollte. Schon zeigten einige mächtige Lords, daß sie sich gut vorstellen konnten, selbst König zu sein. Unruhe breitete sich aus, und es roch nach einem Streit um die Macht.

Jetzt war Merlins Stunde gekommen. Er begab sich zu dem engsten Freund des toten Königs, zum Erzbischof von Canterbury, und riet ihm, er solle zu Weihnachten alle Lords auffordern, in die Bischofsstadt zu kommen. Dort wolle man nach einer guten Lösung suchen.

Der Erzbischof beherzigte Merlins Rat. Er lud zur Beratung ein und versprach für den Neujahrstag ein großes Turnier. Den Siegern sollten hohe Preise und viel Ruhm winken. Und viele folgten der Einladung; die einen lockte das Turnier, andere kamen, weil sie sich um die Zukunft Britanniens sorgten.

Auch Sir Kay und Artus bestürmten ihren Vater, er solle mit ihnen nach Canterbury ziehen. Sir Kay, wenig älter als Artus, war kurz zuvor zum

Ritter geschlagen worden. Er brannte darauf, sein erstes Turnier zu bestreiten, und Artus sollte sein Schildknappe sein.

Sir Ector gefiel der Plan nicht schlecht. Es konnte seinem Sohn nur guttun, wenn er seine Kräfte friedlich im Kampfspiel mit anderen messen konnte. Sie ritten also los und gelangten gerade rechtzeitig zur Weihnachtsmesse in die Kathedrale. Als sie aber später zusammen mit allen anderen die Kirche verließen, staunten sie nicht schlecht: Da lag auf dem Kirchhof ein großer, schneeweißer Marmorblock, und darin steckte eine Schwertklinge, fast bis zum Heft hineingestoßen. Auf dem Block stand mit goldenen Lettern eingemeißelt: »Der dieses Schwert aus dem Stein zu ziehen vermag, der soll der neue König von Britannien sein.«

Alle fragten sich, wie der merkwürdige Stein dorthin gelangt sein konnte. Nur Merlin hätte die Antwort geben können, aber er schwieg.

Den ganzen Tag über versuchten die Männer, diese Aufgabe zu lösen. Zuerst wagten es die Lords, später die vornehmen Ritter und schließlich auch die jungen Männer, die gerade erst den Ritterschlag erhalten hatten. Alle bemühten sich vergebens. Das Schwert steckte im Stein wie eingegossen und rührte sich nicht. Nun bestimmte der Erzbischof von Canterbury, daß zwölf Ritter Wache halten sollten, bis das Neujahrsturnier vorüber sei. Die Sieger der Kampfspiele könnten dann noch einmal den Versuch wagen, das Schwert herauszuziehen. Und so geschah es.

In den Tagen vor dem Turnier gab es dann unter den vielen Menschen kaum einen anderen Gesprächsstoff als das Schwert im Stein. Und keiner ahnte, wie das Rätsel zu lösen sein würde . . .

Sir Ector und seine Söhne wohnten in einem Gasthaus am Rande der Stadt. Weil sie noch bis spät in die Nächte hinein mit anderen Rittern zusammensaßen, verschliefen sie am Neujahrstag beinahe den Beginn

des Turniers. Als sie endlich aufwachten, war es höchste Zeit, zum Festplatz zu reiten; und so kam es, daß Sir Kay in der Eile des Aufbruchs vergaß, sein Schwert umzugürten. Das merkte er allerdings erst, als sie am Festplatz anlangten. Ärgerlich beklagte er sein Mißgeschick.

Artus sagte: »Ich hätte darauf achten müssen, ich bin ja dein Knappe.«

Er bot sich an, schnell zum Quartier zurückzureiten und das Schwert zu holen. Dort jedoch waren die Fensterläden geschlossen und die Tür verriegelt. Der Wirt und alle seine Leute waren ebenfalls zum Festplatz gegangen, um nichts von dem Spektakel zu versäumen.

Da fiel Artus das Schwert im Stein ein. Er ritt zur Kathedrale. Die Wächter hatten ihren Posten verlassen, auch sie wollten sich das Turnier ansehen. Artus kletterte auf den Marmorblock und zog an dem Schwertknauf. Und das Wunder geschah: Die Klinge ließ sich ganz leicht herausziehen!

Artus brachte das Schwert zu Sir Kay. Als Sir Ector es sah, erkannte er sofort, was das für eine Waffe war.

»Woher hast du das Schwert?« fragte er streng seinen Sohn.

»Nun, aus dem Stein vor dem Dom«, gab Kay keck zurück.

Doch Sir Ector mißtraute ihm. Er ritt mit seinen Söhnen zum Dom zurück und befahl Kay, das Schwert in den Block zu stecken. »Und nun zieh es heraus!« befahl er.

Sir Kay versuchte es, sein Kopf wurde rot vor Anstrengung, und die Adern an seinem Hals sprangen hervor. Aber er schaffte es nicht. Da bekannte er: »Artus war es, der mir diese Waffe gebracht hat.«

Artus stieg wieder auf den Block und zog das Schwert ohne jede Mühe heraus.

Da beugten Sir Ector und Sir Kay vor Artus die Knie. »Mein Herr und mein König . . .« stammelte Sir Ector.

Artus wurde verlegen, und er versuchte, den Vater zu sich emporzuziehen. Sir Ector schüttelte den Kopf. »Ich werde erst aufstehen, wenn du mich anhörst. Ich muß dir sagen, daß ich nicht dein richtiger Vater bin. Merlin hat dich zu mir gegeben, als du gerade erst geboren warst. Du bist der Sohn von Uther Pendragon!«

Bei diesen Worten begann Artus laut zu klagen, denn Sir Ector war ihm ein guter Ziehvater gewesen. Er kniete sich neben Sir Ector auf den Boden und umarmte ihn.

Sir Ector sprach weiter: »Artus, du bist mir lieb wie mein eigener Sohn. Ich bitte dich, mir etwas zu versprechen.«

»Alles, was du willst!« rief Artus.

»Wenn du erst König bist, dann lasse deinen Bruder Kay in deiner Nähe sein und schenke ihm deine Gunst.«

Artus standen die Tränen in den Augen, und er flehte Sir Ector an: »Ich gelobe es, lieber Vater, aber bitte knie nicht länger vor mir!«

Darauf erhob sich Sir Ector. Er ging mit den Söhnen zum Erzbischof und berichtete, was sich ereignet hatte. Der wollte es zuerst nicht glauben, und Artus mußte noch einmal vor seinen Augen die Probe ablegen. Dann aber ritt der Erzbischof eilends mit den dreien zurück zum Festplatz. Er befahl dem Trompeter, ein Signal zu blasen. Alle sammelten sich um ihn und wollten hören, warum er das Turnier, das gerade auf seinem Höhepunkt angelangt war, unterbrochen hatte.

Der Erzbischof rief: »Kommt mit mir zu dem Marmorstein, wir haben einen neuen König!«

Natürlich drängte es alle zu sehen, was geschehen war. Schon nach kurzer Zeit standen sie Kopf bei Kopf auf dem Platz vor der Kirche und schauten auf den Stein und das Schwert, das darin steckte.

Der Erzbischof sagte zu Artus: »Nun zeige uns, wer du bist!«

Und Artus bestieg den Stein und zog die Klinge ohne Mühe heraus.

Staunen und Unglauben ergriff die Menschen. Als Artus das Schwert wieder in den Stein steckte, versuchte ein Lord, der wegen seiner gewaltigen Körperkraft bekannt war, es ihm gleichzutun. Doch es war vergebens. Manch anderer versuchte es ebenfalls, aber keinem gelang es. Noch mehrmals mußte Artus das Schwert in den Stein gleiten lassen und wieder hervorziehen.

Jetzt wurden viele Lords wütend und riefen: »Einen solchen Knaben, dem noch nicht einmal der Bart wächst, sollen wir als König anerkennen?« Und sie drohten dem Erzbischof mit ihren Fäusten. »Zauberei!« schrien sie und: »Schwindel!« und: »Faule Tricks!«

Merlin, der die ganze Zeit über nahe bei dem Erzbischof gestanden hatte, sagte: »Sprich du zu ihnen. Sie sollen an Lichtmeß wiederkommen. Wir wollen dann sehen, ob Artus wirklich der künftige König ist. Wenn er wieder das Wunder vollbringt, werden ihn die Lords zum König wählen müssen.«

Nachdem der Erzbischof so zu der Menge geredet hatte, zerstreute sie sich und trug die Botschaft des Mirakels durchs ganze Land.

Merlin aber hielt sich stets bei Artus auf. Er befürchtete, die Lords könnten auf den Gedanken kommen, Artus umzubringen. Auch riet er Sir Ector, den goldenen Mantel bei sich zu tragen, den Mantel, in den König Uther seinen Sohn nach der Geburt eingeschlagen hatte.

Am Lichtmeßtag schließlich kehrten alle nach Canterbury zurück. Die Zahl der Neugierigen war noch gewachsen. Und Artus bestand die Probe genau wie zuvor. Doch wieder schüttelten die Lords den Kopf, und noch einmal wurde ein neuer Termin angesetzt. Ostern sollte sich nun zeigen, ob alles mit rechten Dingen zugegangen war . . . und Ostern vertagten die Lords die Angelegenheit auf Pfingsten.

Es wäre wohl endlos so weitergegangen, aber als Artus am Ostersonntag das Schwert herausgezogen hatte und die Lords ihm immer noch die Königswahl verweigerten, da murrte das Volk bereits vernehmlich.

Und zu Pfingsten, als die Lords erneut im Sinn hatten, die Königswahl weiter hinauszuschieben, schrie die Menge wie mit einer Stimme: »Wir wollen einen König! Artus, Artus, Artus soll unser neuer König sein! Gott will es!«

Der Erzbischof führte Artus in die Kathedrale. An eben diesem Tag wurde Uthers Sohn zum Ritter geschlagen, und der Erzbischof krönte ihn mit der Königskrone von Britannien.

Nach der feierlichen Krönung riet Merlin dem jungen König, vor das Volk zu treten und zu reden.

Artus sprach ruhig und klar, und zum Schluß seiner Rede schwor er: »Ich will allem Volke, den Lords und den Rittern und auch den einfachen Leuten, ein guter und gerechter König sein. Gott ist mein Zeuge!«

Nun jubelte die Menge ihm zu. Merlin aber bemerkte wohl, daß viele Lords immer noch nicht mit Artus als König einverstanden waren, denn sie standen mit finsteren Mienen abseits. Deshalb trat Merlin neben Artus und sprach: »Ihr Lords von Britannien, ich weiß, was euch bedrückt! Ihr fragt euch, wie es denn sein darf, daß der Sproß eines kleinen Ritters, wie es Sir Ector ist, König werden konnte. Ich will das Rätsel lösen und euch ein Geheimnis enthüllen: König Artus ist nicht Sir Ectors Kind, sondern der rechtmäßige Sohn von Uther Pendragon, unserem toten König. Ygerna, seine Frau, hat ihn geboren. Ich selbst habe den Säugling an Sir Ector übergeben und ihn seiner Fürsorge anvertraut.«

»Lügengespinste!« schrie ein Lord, der sich große Hoffnungen gemacht hatte, König zu werden.

Merlin sagte zu Sir Ector: »Zeige allen den Mantel, in den Uther damals das Kind eingehüllt hatte, als es dir übergeben wurde!«

Sir Ector entfaltete Uthers goldenen Königsmantel. Darauf breitete sich eine tiefe Stille aus. Die meisten Lords beugten, einer nach dem anderen, das Knie und schworen Artus die Treue.

Artus gürtete sich das wunderbare Schwert um, das er aus dem Steinblock gezogen hatte. Es war das sichere Zeichen seiner Königswürde. Nur eines daran war unvollkommen: Alle übrigen berühmten Schwerter trugen einen Namen, und den Namen dieser Waffe kannte niemand.

Da zog Merlin hinter seinem Gürtel einen Beutel mit Schafsknöchelchen hervor. Er schüttelte die Knochen in seinen hohlen Händen so heftig, daß sein ganzer Körper bebte und sein schwarzer Haarschopf wehte. Hart warf er die Knochen zu Boden, beugte sich darüber und starrte lange, lange darauf. Endlich richtete er sich auf. »Seht her«, rief er und verband die Knochen mit Strichen, die er mit dem Finger in den Sand zeichnete. »Das Schwert trägt den Namen Excalibur.«

Tatsächlich konnten nun auch die Lords, die im engen Kreis um ihn herum standen, eine Schrift erkennen. Und alle staunten erneut über Merlins Kraft, geheime Zeichen herbeizuzwingen.

Zu Artus sagte Merlin: »Artus, dieses Schwert darfst du nur aus der Scheide ziehen, wenn du in höchster Not bist, sonst wird es dir in der Hand zerbrechen.«

Und Artus versprach es. Von diesem Tag an waren Artus und Merlin unzertrennlich.

bwohl Britannien nun einen rechtmäßigen König hatte, kamen elf Lords heimlich zusammen. Sie wollten Artus noch immer nicht als König anerkennen und verbündeten sich mit König Lot von den Orkneyinseln und König Anguish von Irland. Sie vereinigten ihre Reiter und Fußsoldaten und zogen gegen Artus in den Krieg.

Zuerst belagerten sie eine von Artus' Burgen, die Festung Bedegraine. Die wollten sie zum Zentrum ihres Aufstands machen. Ihr Heer war so groß und mächtig, daß Merlin zu Artus sagte: »Wenn du auch gleich mit deinen Getreuen nach Bedegraine ziehst, allein wirst du es nicht schaffen, die Aufrührer zu bezwingen. Sende Boten übers Meer. Dort auf dem Festland leben deine Verwandten. Bitte die Könige von Gallien, Bors und Ban, um ihren Beistand.«

Daraufhin sandte Artus zwei seiner Getreuen zu den Königen Bors und Ban. Die besannen sich nicht lange, sammelten dreihundert ihrer besten Leute und setzten mit schnellen Schiffen über nach Britannien.

Merlin aber sah mit Schrecken die kleine Schar. Er wußte, daß die Hilfe von dreihundert Männern bei weitem nicht ausreichte, um gegen das große Heer der Feinde bestehen zu können. Er eilte selbst nach Gallien, und es gelang ihm, in kurzer Zeit viele tausend Reiter und Fußsoldaten anzuwerben und sie dem Heere seines Königs zuzuführen.

Mit dieser Streitmacht kämpfte Artus in zwölf großen Schlachten gegen die Rebellen, und zwölfmal siegte er.

Das war jedoch nicht immer leicht. Einmal brach das Pferd, auf dem Artus ritt, von Pfeilen getroffen zusammen, und König Lot schlug auf ihn

ein. Artus geriet in höchste Bedrängnis und mußte erstmals das Schwert Excalibur ziehen. Nur weil sein Glanz König Lot blendete, konnte Sir Kay Artus beispringen und ihm ein neues Schlachtroß zuführen.

Als schließlich die letzte Schlacht gewonnen war, ritt Merlin auf einem pechschwarzen Hengst zu Artus heran und riet ihm: »Laß es nun gut sein, mein König. Es hat genug Tote gegeben.«

Artus sagte: »Merlin, mein Freund und Berater, ich werde auf dein Wort hin meinen Feinden die Hand zum Frieden anbieten.«

Das tat er, und die Lords gelobten dem König die Treue. Die Könige von den Orkneyinseln und von Irland aber zahlten einen hohen Tribut. Dabei übergaben sie Artus nicht nur viele Schätze und kostbare Waffen, sondern auch die Tochter des Lords Senam. Sie hieß Lionors und war sehr schön. Heiß flammte die Begierde in Artus auf, als er die junge Frau sah, und er schlief eine Nacht bei ihr, bevor er sie zu ihrem Vater zurückschickte.

In dieser Nacht zeugte Artus, ohne daß er es ahnte, einen Sohn mit Lionors. Der wurde auf den Namen Borre getauft. Merlin sagte dem König voraus, daß dieser Sohn einmal ein Ritter seiner Tafelrunde werden sollte. Für Artus jedoch blieb die Rede seines Zauberers dunkel, denn er wußte zu jener Zeit ja weder von Borre noch von jener Ritterschar, die sich dereinst um seine Tafel versammeln sollte.

Kaum war der Streit mit den elf Lords und den fremden Königen ausgestanden, da erreichte eine neue Schreckensbotschaft den Königshof. Es ritt ein Bote herbei, der sein Pferd so angetrieben hatte, daß es auf dem Burghof tot niederbrach. Verdreckt von Schmutz und Schweiß, ließ der Bote sich zu Artus führen.

»Mein König und Herr«, stammelte er. »Dein getreuer Lord Leo-

degrance von Camelerd, der schon deinem Vater in vielen Kämpfen treu zur Seite gestanden hat, ist überfallen worden. Sir Rience aus dem Norden von Wales brennt unsere Dörfer nieder und quält das Volk. Wir rufen dich um Hilfe an! Komm, König Artus, sonst sind wir verloren!«

In langen Tagesritten eilte Artus mit vielen Rittern nach Camelerd. Auch Bors und Ban, die beiden Könige aus Gallien, weilten noch in Britannien und zogen mit ihm. Als der aufständische Rience hörte, daß Artus sich näherte, rief er seine Leute zusammen. Er zeigte ihnen seinen grünen Umhang. Der war über und über mit Bärten geschmückt, die Rience seinen besiegten Gegnern abgeschnitten hatte. »Seht her!« rief er voller Spott. »Hier ist noch eine kleine Stelle auf meinem Mantel frei. Sie ist nicht groß, aber sie reicht, um den Milchbart von Artus daran zu heften.«

Doch er hatte seinen Mund zu voll genommen. Schon beim ersten Angriff drangen Artus' Ritter tief in die Schlachtreihe der Aufrührer ein. Artus selbst ritt gegen Sir Rience. Seine Lanze durchbohrte den Schild von Rience und fuhr ihm gegen den Brustpanzer, und der Feind sank zu Boden. Nun entriß Merlin, der neben Artus kämpfte, Rience den grünen Mantel und hielt eine Fackel an das Tuch. Es entflammte wie Zunder; der Gestank der brennenden Bärte wehte weit übers Schlachtgetümmel. Da dachten die Rebellen, Sir Rience sei tot, wendeten ihre Pferde und suchten ihr Leben durch die Flucht zu retten. Rience aber, der von dem Lanzenstoß nur einen Augenblick ohne Besinnung gewesen war, entfloh heimlich in die Wälder.

Danach lud Leodegrance, von seinem Widersacher befreit, die drei Könige zu einem Siegesfest in seine Burg. An jenem Abend fiel Artus' Blick auf Guinevere, die schöne Tochter des Lords von Camelerd. Sie saß

im Garten und band einen Blumenkranz. Ihr langes, schwarzes Haar wehte im Abendwind.

Die Blicke der beiden trafen sich und ruhten lange ineinander. Guineveres Augen waren grün und groß. Halb war sie noch ein Kind, halb schon eine Frau. Ihr Bild brannte sich tief in Artus ein. Er wußte, daß es mit Guinevere etwas ganz anderes war als bei seinem Abenteuer mit Lionors. Er wurde mit tausend Fäden von dem Mädchen gefesselt, wagte jedoch nicht, sich ihr zu nähern.

Eine seltsame Unruhe wuchs von Stund an in seinem Herzen. Erstmals in seinem Leben kreisten alle seine Sinne um die Schönheit einer Frau.

ald darauf verließ Artus Camelerd und ritt in die Stadt, die er zu seiner Hauptstadt machen wollte, nach Camelot. Die Feinde in seinem Land waren alle unterworfen.

Schon wollten seine Verbündeten, die Könige Bors und Ban, mit ihren Leuten nach Gallien zurückkehren, da drohte erneut Gefahr:

Die Kunde von den Kämpfen in Britannien war bis nach Germanien gedrungen. Hengist und Horsa, die alten Sachsenführer, waren zwar gestorben, aber die Geschichten von der fruchtbaren Insel jenseits des Meeres waren von den Germanen nicht vergessen worden. Unter ihren Anführern Colgrin und Cheldric segelten noch einmal viele Sachsen den Küsten Britanniens entgegen. Wie ein Wirbelsturm drangen sie von der Küste her ins Innere des Landes vor. Colgrin fuhr mit einem Teil des Heeres, ohne Widerstand zu finden, auf schnellen Booten den Fluß Swale aufwärts und besetzte die Stadt York. Cheldric brandschatzte die Siedlungen der Briten längs der Küste. Und so mußte Artus wieder in den Krieg ziehen.

Vor York trafen Colgrin und Artus aufeinander. Artus beschloß, die Stadt zu belagern und die Feinde auszuhungern. Fast wäre ihm das auch gelungen; doch eines Nachts, während eine dichte Nebelwand vom Fluß her bis in die Gassen von York kroch, schlich sich ein Bote Colgrins durch den Belagerungsring aus der Stadt hinaus. Es gelang ihm, dem anderen Sachsenführer, Cheldric, zu berichten, daß Colgrin sich in arger Bedrängnis befinde. Da ließ Cheldric hundert Boote die Swale hinaufrudern und sprengte den Belagerungsring der Briten.

Artus mußte sich zurückziehen. Die Sachsen, die glaubten, sie hätten

einen großen Sieg errungen, plünderten die Stadt, brannten York bis auf die Grundmauern nieder und zogen als nächstes auf die Stadt Lincoln zu. Obwohl sie allerdings Lincoln einschlossen und mehrfach gegen die Mauern anrannten, konnten sie nicht in die Stadt eindringen.

Artus nutzte währenddessen die Zeit und sammelte ein großes Heer, mit dem er erneut gegen die Sachsen zog. Als diese ihn anrücken sahen, verschanzten sie sich in einem festen Lager; Artus griff sie jedoch nicht an, sondern ließ ringsum einen Wall aus Bäumen aufrichten. Seine Bogenschützen sandten Brandpfeile in das Sachsenlager, so viele, daß sie nicht zu zählen waren. Mehrmals versuchten die Eingeschlossenen, den Ring zu durchbrechen, und wurden unter großen Verlusten zurückgeschlagen.

Am fünften Tage schließlich baten die Sachsen um Frieden. Sie boten Artus reiche Beute an und versprachen, übers Meer in ihre Heimat zurückzusegeln.

Artus forderte hundert Geiseln, lauter junge Männer aus vornehmen Familien. Colgrin und Cheldric wählten selbst die Geiseln aus. Sogar ihre eigenen Söhne gaben sie in Artus' Haft. Darauf erlaubte Artus ihnen, in Ehren und mit ihren Waffen abzuziehen.

Nun bestiegen die Sachsen und ihre Verbündeten zwar die Schiffe und segelten gen Osten, doch kaum hatten sie das offene Meer erreicht, änderten sie den Kurs und landeten wenige Tage später bei der reichen britischen Stadt Bath. Die eroberten sie und raubten sie aus.

Als die Kunde des Verrats Artus erreichte, ließ er alle hundert Geiseln töten. Dann zog er in Eilmärschen nach Bath und griff die Stadt, in der sich die Sachsen festgesetzt hatten, ungestüm an. Die Sachsen leisteten erfolgreich Widerstand, konnten aber nicht verhindern, daß am Abend die ersten Breschen in die Mauer geschlagen wurden. Auch brachen

Brände aus, und die Verteidigung wurde schwierig. Ohnedies kämpften die Germanen lieber im freien Feld. Deshalb entschlossen sich Colgrin und Cheldric, im Schutze der Nacht heimlich die Stadt zu verlassen und auf einer Bergkuppe ein festes Lager zu errichten.

Am folgenden Tag versuchten die Briten den Hügel zu stürmen – vergeblich. Die Sachsen standen Mann für Mann und schlugen die Angriffe zurück.

Gegen Abend kamen in einer Kampfpause drei Lords zu Artus. Einer sprach: »Mein König, es ist unmöglich, unsere Männer noch länger die steilen Hänge emporzuschicken. Es fällt den Sachsen von ihrem höhergelegenen Lager her leicht, uns immer wieder ins Tal zu jagen. Wir bitten dich, laß uns das Lager ringsum einschließen. Wir sollten Geduld haben und die Sachsen aushungern.«

»Das kann Tage und Wochen dauern«, widersprach Artus. Er band seinen Goldhelm fest und ließ sich von seinem Ziehbruder Sir Kay den ledernen Brustschutz und das Schwert Excalibur anlegen. Dann reckte er seine Lanze mit der gehärteten Eisenspitze hoch empor und rief sein Heer erneut zum Angriff auf.

Doch die Bogenschützen der Sachsen schossen Lücken in die Reihen der Briten. Artus sah, daß das Schlachtglück sich seinen Feinden zuneigte. In dieser Not zog er sein Schwert Excalibur aus der Scheide. Es blitzte im Abendlicht hell auf. Artus stürzte sich dort in den Kampf, wo die Sachsen begannen, die Briten hinabzudrängen. Kein Gegner konnte den wuchtigen Hieben des Schwertes widerstehen. Auch Artus' Getreue, vom Beispiel ihres Königs mitgerissen, setzten alles daran, das Lager der Sachsen zu erstürmen.

Schließlich lief von Mund zu Mund die Nachricht, daß der Sachsenfürst Colgrin den Tod gefunden hatte. Da gaben die Sachsen den Kampf

verloren. Es war schon beinahe Nacht geworden, als es ihnen gelang, sich an einer Stelle durch die britische Schlachtreihe zu kämpfen und, von der Dunkelheit begünstigt, zu fliehen.

Die Briten wollten daraufhin den Sieg feiern, doch Artus befahl Lord Cador, in einem nächtlichen Ritt zur Küste zu gelangen. »Du kennst dich am besten in Cornwall aus und weißt, wo die Sachsen ihre Schiffe vertäut haben. Cheldric wird gewiß die Reste seines Heeres dorthin führen und übers Meer zu entkommen versuchen. Bereite ihm einen heißen Empfang!«

Lord Cador erreichte lange vor den Sachsen die Boote. Als Cheldric mit seinen erschöpften und entmutigten Leuten dort ankam, fielen die Briten über sie her.

Einige Sachsen verbargen sich in den Wäldern und in einsam gelegenen Hütten, andere konnten ein paar Boote besetzen und wegsegeln. Cador gab sich damit nicht zufrieden, er verfolgte die Fliehenden bis weit aufs Meer hinaus. Auf der Insel Thanet landeten die Boote. Ein letztes Gefecht entbrannte; schließlich ergaben sich die Sachsen. Viele Tote lagen auf dem Strand, unter ihnen auch Cheldric. Er hatte sich, als er die vollkommene Vernichtung der Sachsen erkennen mußte, in sein eigenes Schwert gestürzt.

Dieser entscheidende Sieg von König Artus erlöste Britannien endgültig von der Sachsengefahr.
Wie oft hatten sie die Insel bedroht und waren brennend und mordend in Städte und Dörfer eingefallen, wie oft hatten sie ganze Landstriche verwüstet, die Männer getötet und Frauen und Kinder entführt! Endlich fanden diese Plagen ein Ende.

So war Artus nun der von allen Lords respektierte und anerkannte

König, und das Volk liebte ihn. Artus reiste von Stadt zu Stadt, von Burg zu Burg und ermunterte die Menschen, ihre Häuser wieder aufzubauen, die Äcker zu bestellen und in allen Dörfern und Städten Kirchen zu errichten. Das ganze Land ging einem neuen, besseren Zeitalter entgegen.

en Winter wollte Artus in seiner Feste Caerleon verbringen. Dort traf nun eines Tages eine vornehme Frau mit großem Gefolge ein. Sie war die Gattin des Königs Lot von den Orkneyinseln. Auch ihr ältester Sohn Gawain und drei weitere Söhne begleiteten sie. Sie überbrachte Artus eine freundliche Botschaft ihres Mannes. Dabei war sie wohl eher geschickt worden, um auszuspionieren, wie es an Artus' Hof zuging, denn König Lot hatte seine Niederlage gegen Artus nicht vergessen. Er wartete auf eine günstige Gelegenheit und sann auf Rache.

Frau Margawse zählte fast doppelt so viele Jahre wie Artus, doch war sie eine sehr schöne Frau. Daß sie eine Tochter von Herzog Gorlois und Ygerna war, das verheimlichte sie dem König. Artus und sie hatten tatsächlich beide Ygerna zur Mutter, aber weil Margawse ihre Herkunft verschwieg, erkannte Artus sie nicht als seine Halbschwester. Margawse hielt sich oft in seiner Nähe auf, und ihre Klugheit wie ihre Kunst, Geschichten zu erzählen, fesselten ihn.

In einer Nacht kam ein wilder Sturm auf. Der Regen prasselte gegen die Fensterläden, die Dachziegel klapperten, und es ächzte das Gebälk. Die Pferde in den Ställen schlugen mit den Hufen gegen die Holzwände ihrer Boxen. Artus konnte nicht einschlafen, deshalb hatte er eine Kerze angezündet. Da schlüpfte Margawse zu Artus in die Kammer und ließ ihren Umhang fallen. Im matten Kerzenschimmer sah Artus ihre weiße Haut, ihre schöne Gestalt. Er zog sie auf sein Lager. Erst im trüben Licht des Wintermorgens schlich sich Margawse wieder in das Frauenhaus zurück.

Artus aber sank in einen flachen Schlaf und hatte einen merkwürdigen Traum: Geflügelte Drachen und Riesenschlangen erschienen allerorten in seinem Reich. Er mußte gegen sie kämpfen, und ihr Feueratem und ihre scharfen Krallen schlugen ihm manche Wunde. Erst nach langer Zeit gelang es ihm, sie zu töten.

Schweißgebadet erwachte er. Weil der Traum ihn bedrückte, beschloß er, eine Jagd abzuhalten. Er dachte: Der frische Wind wird die Nachtbilder vertreiben und mir den Kopf freiblasen.

Schon bald ritten Artus und seine Jagdgesellen durch den Wald. Es war noch nicht viel Zeit vergangen, da scheuchten die Hunde einen großen Hirsch mit einem mächtigen Geweih auf. Artus jagte ihm nach über Stock und Stein. Längst hatte er seine Begleiter verloren, als er endlich den Hirsch erlegen konnte. Sein Pferd aber hatte er zuschanden geritten. Dem Tier knickten die Beine ein, und es brach tot zusammen. Deshalb konnte Artus nicht zu den Jagdgefährten zurück.

An einem Quellbrunnen, den er ganz in der Nähe entdeckte, löschte er seinen Durst und wollte ruhig warten, bis man ihn fand. Doch bald kehrten die Schreckensbilder aus seinem Traum zurück. Sie verblaßten erst wieder, als ein lautes Gebell ertönte. Zuerst glaubte Artus, die Jagdgesellschaft hätte ihn gefunden; dann jedoch brach durch das Unterholz ein seltsames Tier hervor. Es glich einem großen Hirsch. Aus seiner Stirn wuchs aber statt des Geweihs nur ein einziges, schneeweißes Horn. So ein Wesen hatte Artus noch nie zuvor gesehen. Es soff in langen Zügen aus der Quelle, und aus seinem Leib klang es hervor wie das Gejaule von hundert Hunden. Danach warf das Tier plötzlich seinen Kopf hoch und rannte davon.

Wenig später ritt ein Jäger auf die Lichtung. Er sah, was mit Artus' Pferd geschehen war, und wollte ihm sein eigenes Tier geben. Fast zugleich

kam auch ein Ritter herbeigesprengt. Sein Pferd war schweißnaß und völlig erschöpft.

»Ich bin einem wunderbaren Tier auf der Spur«, rief er. »Ich kann es nicht lassen, ihm nachzujagen, wo mag es geblieben sein?«

»Ich habe es gesehen«, beteuerte Artus, »es lief dort in den Wald hinein.«

»Ich muß es unbedingt erlegen!« sagte der Ritter.

Artus bot an: »Man hat mir gerade ein frisches Pferd gebracht. Ich könnte das seltsame Tier für dich verfolgen.«

»Nein!« rief der Ritter. »Das ist eine Aufgabe, die nur ich vollbringen kann!« Und ohne weiter um Erlaubnis zu fragen, schwang er sich auf das Pferd des Jägers und preschte davon.

»Geh und hol mir ein anderes Pferd herbei«, befahl Artus ärgerlich dem Jäger. Der ging fort und führte das ermattete Tier des unbekannten Ritters am Halfter mit sich.

Wieder allein, verfiel der König erneut ins Grübeln. Er schreckte aus seinen Gedanken erst auf, als ein Junge ihn an der Schulter berührte.

»Wie kommst du hierher?« fragte Artus ihn.

Der Junge entgegnete: »Hör auf mit deinen schwarzen Gedanken. Sie können nicht ungeschehen machen, was in der Nacht vor sich ging.«

»Was redest du? Kannst du meine Gedanken lesen?«

»Du bist ein Sohn Ygernas und Uthers«, antwortete der Junge. »Aber Ygerna hatte auch andere Kinder. Ist dir nicht eine deiner Schwestern unlängst begegnet?«

Bei diesen Worten wurde es Artus unheimlich, und er schickte den Jungen fort. Aber er blieb nicht lange allein. Ein alter Mann trat auf die Lichtung. Sein Haar war eisgrau und sein Rücken gebeugt. Artus faßte Vertrauen zu ihm und erzählte seinen Traum. Auch was sich in der Nacht

mit Margawse ereignet hatte, verschwieg er nicht. Schließlich bat Artus den Alten um einen Rat.

»Der Junge, der eben bei dir war, hatte recht. Er hätte dir den Traum gedeutet und noch mehr sagen wollen«, sagte der Alte, »aber du hast ihn fortgeschickt.«

»Noch mehr hätte er mir sagen wollen?« fragte Artus, und es tat ihm leid, daß er den Jungen nicht angehört hatte.

»Er wollte dir sagen, daß du heute nacht bei deiner Halbschwester Margawse geschlafen hast. Sie wird einen Jungen gebären, der eines Tages großes Unheil über dein Reich bringen wird.«

Ehe Artus weiterfragen konnte, verschwand der Alte in einer weißen Wolke. Artus glaubte einen Augenblick, in ihm seinen Zauberer Merlin erkannt zu haben.

Er sann über die merkwürdigen Begegnungen des Tages nach. Konnte nicht Merlin das Aussehen des Jungen und des Alten angenommen haben? Artus wußte, daß Merlin es liebte, den Menschen in verschiedenen Verwandlungen zu erscheinen. Vielleicht hatte es der Zauberer für klüger gehalten, ihm eine so schlimme Botschaft nicht in der eigenen Gestalt mitzuteilen . . .

Artus war froh, als die Gefährten ihn endlich fanden. Die Jagd ließ ihn die Worte des Alten vergessen. Gegen Abend kehrte die Jagdgesellschaft mit reicher Beute zur Burg zurück.

Margawse war mit ihren Söhnen und ihrem ganzen Gefolge inzwischen fortgezogen. Neun Monate später schickte sie Artus eine Botschaft. Ein Kind sei ihr geboren. Der Junge gelte zwar als der Sohn des Königs Lot, aber er, ihr Bruder Artus, wisse besser, wer der Vater sei. Sie habe dem Jungen den Namen Mordred gegeben.

Wie ein heißer Stein fiel diese Botschaft in Artus' Brust. Er ließ nach Merlin rufen. Doch der konnte nur bestätigen, was Margawse ihn hatte wissen lassen. Margawse und er waren Geschwister.

Artus wollte das auch jetzt noch nicht glauben und befragte Sir Ector. Selbst als dieser dem König versicherte, Merlin habe die Wahrheit gesprochen und Ygerna sei genauso seine Mutter wie die Mutter von Margawse, blieben Artus Zweifel. Nun wollte er seine Mutter sehen. Bisher hatte er es vermieden, Ygerna zu treffen, weil er nicht verstehen konnte, daß sie und Uther ihn gleich nach der Geburt weggegeben hatten. Jetzt bat er Ygerna, zu ihm in die Burg Caerleon zu kommen. Aus ihrem eigenen Mund wollte er hören, was sich damals auf der Burg Tintagel zugetragen hatte.

Als Merlin davon erfuhr, löste er den Zauber des Vergessens, den er über Artus' Mutter gesprochen hatte. Ygerna folgte dem Wunsch des Königs und erzählte genau, wie es sich mit seiner Geburt verhalten hatte.

»Du wirst dich sicher fragen, mein Sohn, warum ich nicht früher zu dir gekommen bin, warum ich dich nicht gesucht habe. Aber ich hatte dich ja nur ein einziges Mal als neugeborenes Kind und nur mit einem einzigen Blick gesehen. Dann wurdest du mir weggenommen. Ich wußte nicht, wo du warst. Es war zunächst ein großes Leid für mich. Doch Uther Pendragon, dein Vater, hatte einen Schweigeschwur geleistet und hat ihn Zeit seines Lebens gehalten. Mir aber war es, als habe irgendeine Macht mir später jede Erinnerung an dich ausgelöscht. Erst heute, auf dem Wege hierher, war mir mit einem Male wieder alles ganz gegenwärtig, was damals geschehen ist.«

Da umarmte Artus seine Mutter und bat sie, noch lange bei ihm in Caerleon zu bleiben. »Nur eines muß ich dich noch fragen, Mutter. Was

ist mit den Mädchen, die du vor mir geboren hast, was ist mit meinen Halbschwestern?«

»Nun, die beiden ältesten sind mit Königen verheiratet. Die jüngste, Morgan le Fay, hat sich in allerlei Heilkünsten und Zauberei unterrichten lassen und gilt als eine weise Frau.«

»Erzähle mir von den älteren Töchtern, Mutter.«

»Die eine trägt den Namen Elaine, und die, die ich zuerst geboren habe, ist die Frau von König Lot auf den Orkneyinseln. Sie heißt Margawse.«

Da mußte Artus es glauben, daß er ein Kind mit seiner Halbschwester gezeugt hatte.

»Ich habe eine große Schuld auf mich geladen«, murmelte er und schloß sich in seiner Kammer ein.

Drei Tage später hatte Artus sich gefaßt und zeigte sich wieder. Er ordnete an, daß zu Ehren seiner Mutter ein Fest vorbereitet werden sollte.

Am nächsten Tag war die große Halle festlich geschmückt, und die Ritter mit ihren Frauen und Kindern saßen an den rundum aufgestellten Tischen. Artus hatte seinen Platz an der Schmalseite der Halle. Seine Mutter, Sir Ector und Merlin saßen in seiner Nähe. Gaukler zeigten Kunststücke, Spielleute musizierten, und Sänger trugen ihre Lieder vor. Alle wurden von König Artus reich beschenkt. So verging der Abend in heiterer Geselligkeit, bis das Mahl aufgetragen wurde. Mit einem Male sprang die Tür auf. Ein kalter Windstoß fegte durch die Halle, und ein junger Mann schritt herein, der auf dem Arm einen Toten trug. Erschrocken sprangen die Gäste auf.

»Mein König und Herr«, sagte der Fremde. »Dies ist der Ritter Sir

Miles, einer deiner treuen Gefolgsleute. Ich heiße Griflet, ich bin sein Knappe.«

»Und warum bist du hier und störst das Fest des Königs?« fragte ein Lord ärgerlich.

»Es ist erlaubt und richtig, daß man den König auch bei einem Fest um Gerechtigkeit bitten darf«, antwortete der Knappe ernst. Er ließ den Toten auf den Boden sinken, und alle konnten sehen, daß ihm tiefe Wunden beigebracht worden waren.

»Dann trage uns vor, was dir für ein Unrecht geschehen ist«, forderte Artus ihn auf.

»Wir waren auf dem Wege hierher nach Caerleon – Sir Miles, mein Ritter, und ich, Griflet, sein Knappe. Aber vor dem Wald hat einer sein Zelt aufgeschlagen und ohne Grund meinen Herrn zum Kampf gezwungen. Wir kannten ihn nicht und hatten ihm nie ein Leid getan. Doch schon im ersten Waffengang hat er Sir Miles vom Pferd geworfen und getötet.«

»Das war keine gute Tat«, sagte Artus. »Kein Ritter sollte aus Übermut einen Kampf anzetteln. – Was begehrst du nun von mir?«

»Sir Miles soll ein Grab in Caerleon finden, und ich bitte um die Gunst, hier und jetzt von meinem König zum Ritter geschlagen zu werden.«

Artus lächelte und sagte: »Bist du nicht noch sehr jung? Und was sind deine Verdienste?«

Der Knappe erwiderte stolz: »Ich habe an der Seite meines Herrn gestanden, als du die Sachsen vor den Toren von Bath besiegt hast. Ich roch den Gestank der verbrannten Bärte von Riences Mantel. Wenn ich auch jung bin, so will ich doch Sir Miles rächen und gegen den Ritter vor dem Walde reiten.«

»Du hast reichlich Kampfeslärm gehört, Knappe. Ich will deinen Wunsch erfüllen«, sagte Artus und ließ sich sein Schwert reichen.

Jetzt mischte Merlin sich ein und legte seine Hand auf Artus' Arm. »Wenn du Griflet gegen den Ritter reiten läßt, der da am Weg vor dem Wald sein Zelt aufgeschlagen hat, dann wird sein erster Kampf auch sein letzter sein. Es ist Sir Pellinor, der dort lagert, und der ist ein starker und erfahrener Mann. Um den jungen Griflet wäre es schade. Er könnte ein getreuer Ritter in deinen Reihen werden.«

Doch Artus streifte Merlins Hand ab. Er schlug Griflet mit der flachen Klinge auf die Schulter und sagte: »Sei ein treuer und tapferer Ritter, Sir Griflet!«

Sir Griflet gelobte Artus die Treue und wollte hinauseilen. Der König vermochte nicht, ihn zurückzuhalten, und sagte: »Ich kann dich nicht hindern, gegen Pellinor zu reiten; du mußt mir jedoch versprechen, daß du nicht mehr als ein einziges Mal die Waffen mit ihm kreuzt, wie immer es ausgehen mag.«

Das versprach Sir Griflet.

Noch war er ein Ritter ohne Knappe und mußte sich daher selbst gürten. Sobald dies aber getan war, ritt er den Weg zurück bis vor den Wald und forderte Sir Pellinor heraus. Der schaute den schmalen Jüngling an und hatte Mitleid mit ihm. »Warum soll ich mit dir streiten?« fragte er. »Du bist ein junger Mann, und das Leben liegt noch vor dir. Laß ab von deinem Plan und reite weg.«

»Ich bin ein Ritter, der zu König Artus gehört. Willst du mir den Zweikampf verweigern?«

»Suchst du etwa deinen frühen Tod?«

»Ich will mich mit dir messen!« rief Sir Griflet ungeduldig. »Halte mir keine Predigt, sondern hebe deine Lanze!«

Pellinor hätte den jungen Kämpfer lieber verschont, aber noch länger konnte er ihm den Kampf nicht verwehren. Also stieg er auf sein

Streitroß, hob den Schild und legte die Lanze ein. Sir Griflet ritt ihm ungestüm entgegen. Und dann geschah das Unvermeidliche: Griflets Lanze glitt vom Schild des Gegners ab, während Pellinors Waffe Griflet durch den Lederpanzer in die Seite drang. Er stürzte vom Pferd. Pellinor beugte sich zu ihm nieder und löste seinen Helm. Als er sah, wie jung der Ritter war, tötete er ihn nicht, sondern band den Verwundeten auf sein Pferd und jagte das Tier den Weg zurück, den es gekommen war. Es trug den Verwundeten bis vor die Königsburg.

Der junge Ritter wurde in die Halle gebracht. Artus war tief betroffen, und die Festesfreude war ihm vergällt. Er haderte mit sich und sagte: »Hätte ich doch auf Merlins Rat gehört! Wenn Griflet stirbt, trage ich schwer an dieser Schuld.«

Er ordnete an, daß der Verwundete gut zu versorgen sei. Danach winkte er heimlich einen Knappen zu sich. »Schaffe kurz vor dem Morgen meine Waffen, die Rüstung und mein Roß vor die Burg«, befahl er. Noch war die Morgendämmerung nicht heraufgezogen, da ritt Artus dem Walde zu, um auf Pellinor zu treffen.

Merlin hatte geahnt, was Artus vorhatte, war ihm vorausgeeilt und wollte ihm noch vor dem Wald in den Weg treten. Als Artus ihn erreichte und sagte: »Was reitest du in den jungen Tag?«, antwortete Merlin: »Ich will dich warnen, Artus. Suche nicht den Kampf mit Sir Pellinor. Er ist sehr stark und könnte auch dich bezwingen. Laß ab von deinem Vorhaben; denn unser Volk darf nicht seinen König verlieren.«

Artus spottete: »Du hast wohl gestern zuviel von meinem Wein getrunken, und der Morgenwind soll dir den Kopf freiblasen, wie?«

»Achte du nur darauf, daß dir nicht dein Lebenslicht ausgeblasen wird«, sagte Merlin düster.

Artus hörte nicht auf Merlins Warnung und ritt weiter. Merlin folgte

ihm von ferne. Dann erreichte Artus Pellinors Zelt und rief: »Warum, Sir Pellinor, forderst du jeden zum Streit, der auf dem Weg zu meiner Burg Caerleon ist?«

Pellinor antwortete: »Weil ich es so will!« Und er kam aus dem Zelt heraus. Als Artus ihn sah, erkannte er den Ritter, der ihm damals an der Quelle im Wald das Pferd weggenommen hatte und dem Fabeltier nachgejagt war.

»Dann rüste dich zum Kampf!« rief Artus. »Ich will deinen Willen und deine Lanze brechen!«

Schon der erste Zusammenprall war so heftig, daß die Lanzen splitterten. Und wieder und wieder ritten die beiden Kämpfer gegeneinander. Endlich traf Pellinor den König mitten vor den Brustpanzer. Artus wurde von diesem Stoß aus dem Sattel geworfen, doch er kam rasch auf die Beine und zog sein Schwert. Pellinor wollte keinen Vorteil und stieg ebenfalls vom Pferd. Hell klangen die Schwerter, einige Hiebe waren so wuchtig, daß die Klingen die Brünnen durchdrangen und die Kämpfer sich Wunden zufügten. Artus fühlte, wie seine Kraft erlahmte. Mit einer letzten Anstrengung warf er seinen Schild beiseite, faßte das Schwert mit beiden Händen und führte einen gewaltigen Streich. Pellinor jedoch gelang es, den Schlag mit dem Schild abzuwehren. Dabei zerbrach das Schwert des Königs mit einem sirrenden Laut, und Artus stand waffenlos da.

»Ergib dich!« forderte Pellinor. »Ergib dich auf Gnade oder Ungnade!«

Artus sprang auf Pellinor zu und versuchte, ihn zu Boden zu werfen. Umsonst, Pellinor war stärker; und schließlich lag Artus unter ihm. Pellinor riß ihm den Helm vom Kopf und wollte ihn töten.

Nun griff Merlin ein und rief: »Halt ein, Pellinor! Oder willst du Britannien um seinen König bringen?«

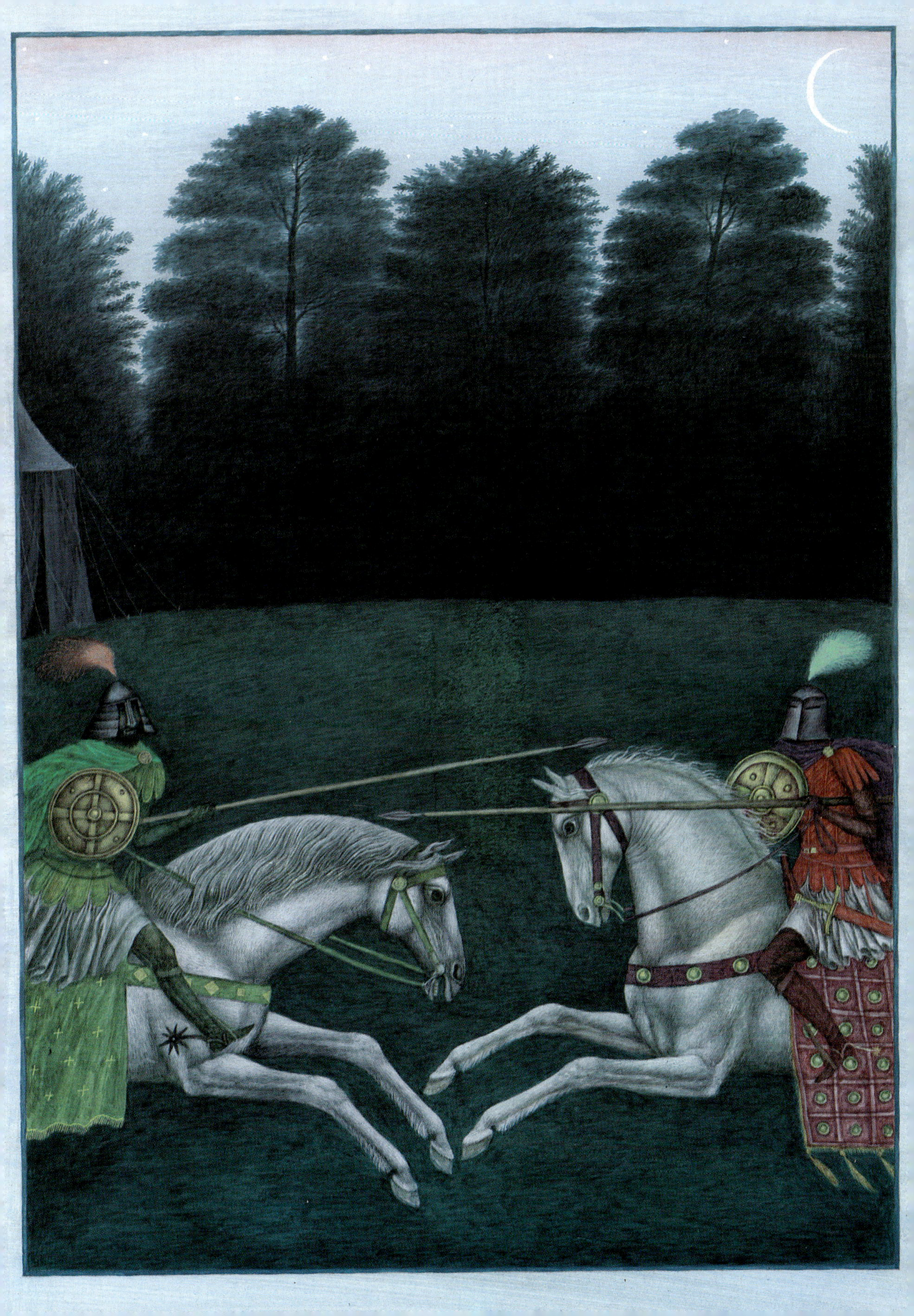

Einen Augenblick zuckte Pellinor zurück. Doch dann fiel ihm ein, daß ein König tausend Wege finden würde, seine Niederlage zu rächen. Geriet er nicht in große Gefahr, wenn er Artus verschonte? Er bekam es mit der Angst und hob sein Schwert zum tödlichen Stoß. Wenn Merlin nicht gewesen wäre, hätte es mit Artus ein böses Ende genommen; aber mit seinen Künsten legte der Zauberer einen Bann über Pellinor, und der sank betäubt zu Boden.

Artus erhob sich und schrie Merlin an: »Mit Zauberei hast du ihm das Leben genommen! Schande über dich und mich!«

Merlin lächelte nur und sagte: »Pellinor lebt und wird einer deiner tapfersten Ritter sein, und auch seine Söhne Parzival und Lamorake werden dir einst treue Dienste leisten.«

Artus antwortete darauf nicht. Er suchte nach seinem Schwert und fand schließlich den Schwertknauf. Von schwarzen Gedanken gequält, sprach er leise: »Wehrlos bin ich geworden. Als den Ritter ohne Schwert werden sie mich im ganzen Land verspotten!«

Merlin legte ihm den Arm um die Schulter, tröstete ihn und sagte: »Du hast gestritten wie ein tapferer Held. Aber kein Mensch auf der Welt kommt ohne Wunden, kommt ohne Schuld durchs Leben. Jeder strauchelt irgendwann; wieder aufzustehen und auf seinem Weg weiterzugehen, das ist wichtig.« Und er brachte den König zu einem Einsiedler, der allerlei Salben und Öle aus den Kräutern des Waldes zu machen wußte. Der pflegte Artus, und schon nach kurzer Zeit heilten die Wunden.

Durch solcherlei Ereignisse wurde die Freundschaft zwischen dem König und dem Zauberer immer tiefer.

rtus hatte es nicht eilig, nach Caerleon zurückzukehren, und er achtete nicht auf den Weg, den sie gingen. Es lag ihm schwer auf der Seele, daß er sein Schwert verloren hatte. Merlin führte ihn durch tiefe Wälder, bis sie an einen See gelangten.

»Schau«, sagte Merlin, »schau, was sich dort zeigt.«

Artus sah mitten aus dem Gewässer einen Frauenarm herausragen. Die Hand hielt ein kostbares Schwert.

»Dieses Schwert kann dir gehören«, sagte Merlin.

Vor Artus' Augen löste sich aus dem Dunst, der über dem See lag, eine in fließende weiße Gewänder gehüllte Frau und schritt über das Wasser auf den König zu.

»Sie herrscht über den See und alles, was in ihm ist«, flüsterte Merlin.

Artus ging der Frau bis ans Ufer entgegen, grüßte sie höflich und fragte: »Sag mir, du Schöne aus den Tiefen des Sees, was ist das für ein herrliches Schwert, das ich dort erblicke?«

»Es ist für dich«, antwortete die Frau, und wie der Klang kleiner gläserner Glocken schwebte ihre Stimme über das Wasser.

»Du mußt wissen«, sagte Artus, »mein Schwert Excalibur ist geborsten. Ich trüge gern jene Waffe, denn eine schönere habe ich nie gesehen.«

»Du magst dieses Schwert ebenfalls Excalibur nennen. Bevor ich es dir jedoch schenke, mußt du mir eine Gunst gewähren und mir eine Bitte erfüllen.«

»Was immer es ist, das will ich tun!« rief Artus eilfertig. »Sage mir, was ich für dich tun soll.«

»Ich werde dich später irgendwann bitten. Dann denke an dein Versprechen.«

Die Frau wandelte langsam ihren Weg zurück. Bevor sich ihre Gestalt in Dunst und Nebel auflöste, wies sie mit der Hand auf einen Kahn, der am Ufer vertäut lag. Artus band ihn los, ruderte hinaus und faßte das Schwert. Die Hand, die immer noch aus dem Wasser ragte, gab die Waffe willig frei.

Voller Freude lenkte Artus den Kahn zum Ufer zurück, zog das Schwert aus der Scheide und zeigte es Merlin.

»Wenn du wählen könntest, die Klinge oder die Scheide«, fragte Merlin, »worauf fiele deine Wahl?«

Artus lachte und antwortete: »Auf die Klinge natürlich!«

Doch Merlin sagte: »Das Schwert hat gewiß eine kostbare Klinge. Sie ist in Avalon geschmiedet, dort, wo sich die Welt der Menschen und die der Geister begegnen. Aber die Scheide ist wichtiger für dich. Solange du die Scheide trägst, wird aus deinem Leibe nicht ein Tropfen Blut fließen, selbst dann nicht, wenn man dir Wunden schlägt.«

Artus wurde es unheimlich, er schaute sich um und fragte: »Wohin hast du mich geführt? Wo sind wir?«

»Nahe bei dem Ort, an dem dein Sohn Mordred, der am ersten Maientag geboren wurde, dir einst den Untergang bereiten wird.« Merlins Blick war starr geworden, und es dauerte eine Weile, bis er aus der Zukunft zurückgekehrt war. Artus drang in ihn und wollte mehr wissen. Doch Merlin blieb verschlossen und schweigsam.

Die Weissagung des Zauberers beunruhigte Artus. In seiner Angst brütete er einen finsteren Plan aus, um dem Schicksal zu entgehen, das Merlin ihm vorhergesagt hatte.

Boten wurden ins Land geschickt. Die riefen den Willen des Königs aus, daß alle Knaben, die im Mai des Jahres geboren worden waren, zum Königshof gebracht werden müßten. Es war eine große Zahl von Kindern, die da zusammengetragen wurden; auch Mordred, Artus' Sohn, war unter ihnen. Und der König wollte sie alle töten lassen.

Er schreckte jedoch davor zurück, das unschuldige Blut fließen zu sehen. Deshalb ließ er die Kinder zur Küste schaffen und auf ein Schiff bringen. Am Abend wehte vom Land her ein starker Wind und blähte das Segel. Das Schiff trieb aufs Meer hinaus auf die tiefstehende Sonne zu. Schwarz zeichnete sich sein Segel vor der roten Sonnenscheibe ab. Als die Sonne sich hinter den Wassern zur Ruhe legte, war auch das Schiff verschwunden. Vor einer fernen Insel zerschellte es an einer Klippe, und die Kinder ertranken.

Nur eines wurde auf den Sandstrand der Insel gespült. Ein Mann fand den Jungen und trug ihn zu seiner Frau.

»Das Kind ist ein Geschenk des Meeres«, sagte die Frau, »wir wollen es aufnehmen, als ob's unser eigenes wäre.« So überlebte Mordred, der Sohn von Margawse und Artus, den Tod, den sein Vater ihm zugedacht hatte.

Die Kunde von dem Mord an den Kindern aber verbreitete sich im ganzen Land. Da hielten die Feinde des Königs, an ihrer Spitze Sir Rience von Wales, die Zeit für gekommen, Artus zu stürzen. Sie zettelten erneut einen Aufstand an. Auch König Lot von den Orkneyinseln gesellte sich zu den Aufrührern. Artus blieb nichts anderes übrig, er rief sein Heer zusammen und zog ihnen entgegen.

Lange Zeit wichen die Rebellen einer entscheidenden Schlacht aus. Schließlich, als der Herbst bereits seine Goldfarbe über die Wälder ausgoß, trafen die Heere aufeinander. Es entbrannte ein erbitterter

Kampf. Ein Banner der Aufständischen nach dem anderen sank in den Staub, und König Artus sah wie der Sieger aus. Nur König Lot ließ sich nicht niederringen. Zu stark waren die Kämpfer von den wilden Orkneyinseln, und sie standen wie ein Mann um ihren König.

Dort in der Gegend jagte zu jener Zeit auch Sir Pellinor. Er stellte noch immer dem merkwürdigen Tier nach, das Artus einst im Walde begegnet war und aus dessen Leib es wie das Gebell von hundert Hunden geklungen hatte. Sir Pellinor wurde von dem Lärm der Schlacht angezogen. Er sah, wie Artus vergebens versuchte, König Lot zu bezwingen, und dachte: Wenn ich jetzt Artus beistehe, dann wird er vergessen, daß ich ihn einst vor dem Wald von Caerleon besiegt habe. Deshalb stürzte sich Sir Pellinor in das Getümmel und suchte den Zweikampf mit König Lot.

Artus freute sich über die unverhoffte Hilfe. Er kannte ja Sir Pellinor als den stärksten Recken, dem er je begegnet war. Und tatsächlich, König Lot konnte Pellinor nicht widerstehen. Mit einem harten Schlag seines Schwertes spaltete Pellinor Lots Helm und brachte ihn so zu Tode. Da flohen Lots Leute, und der Kampf war beendet. Rience allerdings gelang es wieder, sich in die Büsche zu drücken; doch das schmälerte die Siegesfreude von Artus kaum.

So hatte der König seine Herrschaft erneut bestätigt.

Artus lud alle seine Getreuen ein, mit ihm zur Hauptstadt Camelot zu kommen. In der Burg sollte der Sieg gefeiert werden. Und es war wahrhaftig eine besondere Schar von Rittern, die sich da in Artus' Halle versammelte; jeder, der an des Königs Tischen sitzen durfte, war stolz darauf, dazuzugehören.

Das Fest hatte gerade erst seinen Anfang genommen, da trat ein Mädchen in den Saal. Es war in einen meerblauen Umhang gehüllt.

»Was führt dich nach Camelot?« fragte der König sie.

Sie schlug ihren Umhang zurück. Da sahen es alle: Sie war mit einem Schwert gegürtet.

»Ein Fräulein mit einem Schwert!« rief Artus aus. »Was hat das zu bedeuten?«

»Es liegt ein Verhängnis über mir«, sagte das Mädchen. »Nur ein Ritter ohne Fehl und Tadel ist imstande, das Schwert aus der Scheide zu ziehen. Gelingt das, dann bin ich von meinem Fluch befreit.«

»Es wäre nicht das erste Mal, daß ich ein Schwert ziehe, das kein anderer lösen konnte«, erwiderte Artus. Er schritt zu dem Mädchen hinüber und packte den Knauf. Doch so sehr er sich auch anstrengte, die Klinge hob sich keinen Zentimeter aus der Scheide.

Da spürte Artus den Blick seines Zauberers auf sich gerichtet und schaute auf. Es fiel ihm sogleich der Mord an den Kindern ein und auch seine Nacht mit Margawse. »Ohne Fehl und Tadel«, murmelte er und ging beschämt auf seinen Platz zurück.

Das Mädchen klagte: »Ich bin schon zu vielen Burgen und Schlössern im Lande gezogen, und niemand fand sich, der mich von Schwert und Fluch befreien konnte. Nun dachte ich, an Artus' Hof werde ich nicht vergeblich nach einem edlen Ritter suchen.«

»So ist es«, bestätigte der König, und er ermunterte seine Gefährten, das Mädchen von dem Schwert zu befreien. Doch einer nach dem anderen versuchte vergebens, es aus der Scheide zu ziehen.

Nun saß an der Festtafel, ganz am unteren Ende, noch ein Ritter, der hieß Balin und war lange in einem finsteren Kerker der Burg gefangengehalten worden. Man hatte ihn einer Untat beschuldigt, allerdings keine rechten Beweise herbeischaffen können. Endlich hatte Artus angeordnet, ihn freizulassen. Von der Haft in dem dunklen, schmutzigen Kerker

war Balin blaß und mager geworden. Sein Haar war verfilzt und sein Gewand abgeschabt und fleckig.

»Ich will es auch versuchen«, bot er sich an.

Erschrocken wehrte das Mädchen ihn wegen seines schäbigen Aussehens ab.

Balin sagte zu ihr: »Niemals sollst du einen Menschen nach seinem Äußeren beurteilen. In einer haarigen Schale steckt manchmal eine köstliche Frucht.«

Das sah das Mädchen ein und ließ den Versuch zu. Balin zog das Schwert ohne jede Anstrengung heraus. An diesem Zeichen erkannten alle, daß er unschuldig gefangengehalten worden war. Artus bat ihn um Vergebung und befahl, für den Ritter neue Kleider und eine gute Rüstung bereitzulegen.

»Gib mir das Schwert zurück«, forderte nun das Mädchen.

Balin entgegnete: »Nein, ich will es behalten. Es ist viel besser als meine schartige Klinge. Ein so kostbares Schwert finde ich sonst nirgendwo, und es kann nicht schaden, wenn ein Ritter zwei Schwerter trägt.«

Sie warnte ihn und drohte: »Ein Fluch liegt auf dem Schwert, das du mir genommen hast. Wenn du es nicht hergibst, wirst du das Liebste damit töten, das du auf der Welt besitzt.«

Balin lachte über sie, schlug ihre Worte in den Wind und ließ sich in die Rüstkammer führen, um die neuen Kleider anzuziehen.

Kaum war Balin wieder in der Halle, da wurde der ganze Raum mit einem Male in ein wasserblaues Licht getaucht. Eine Dame trat ein. Ihr kostbarer Mantel glänzte wie Muschelsilber und war über und über mit Perlen bestickt. Artus erkannte auf den ersten Blick die Herrin vom See, die ihm das neue Schwert geschenkt hatte.

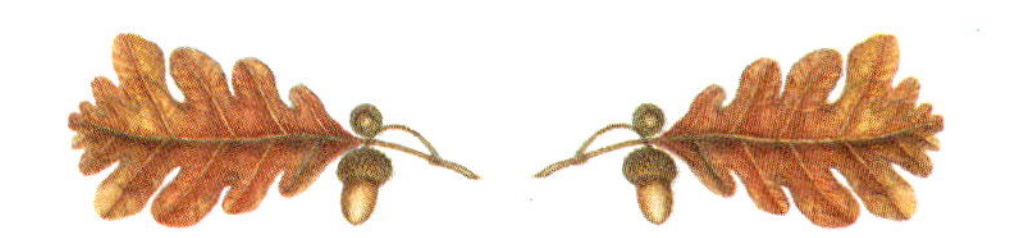

Sie schritt geradewegs auf Artus zu und grüßte ihn. Dann sagte sie: »Ich erinnere dich an dein Versprechen, das du mir gabst. Jetzt ist die Zeit, es einzulösen.«

»Versprochen ist versprochen«, antwortete Artus. »Was ist es, was ich für dich tun kann?«

Die Herrin vom See zeigte auf das Mädchen und auf Balin. »Ich will den Kopf dieser beiden«, sagte sie mit harter Stimme.

Artus erschrak, und nach einer Weile erwiderte er: »Wie kann ich einen Ritter ohne Fehl und Tadel töten und wie dieses Mädchen, das gerade erst von einem schweren Schicksal erlöst worden ist? Äußere einen anderen Wunsch, den ich dir erfüllen kann!«

Die Herrin vom See brach in Lachen aus. Der Ton war so durchdringend und hoch, daß das Trinkglas, das vor Artus auf dem Tisch stand, in tausend Stücke zersprang.

»Dein Ritter hat mir viel zuleide getan«, behauptete sie. »Und was das Mädchen betrifft, die wollte ihren leiblichen Bruder mit dem Schwert umbringen.«

»Das ist gelogen«, wehrte sich das Mädchen.

Jetzt mischte sich Sir Balin ein. »Ich kenne dich wohl«, fuhr er die Herrin vom See an. »Drei Jahre habe ich vergeblich nach dir gesucht. Du verschuldest den Tod meiner Mutter, denn du hast sie auf dem Scheiterhaufen verbrennen lassen.«

»Ich will sein Haupt und das Schwert!« forderte die Herrin vom See mit schriller Stimme.

»Das Schwert kannst du bekommen!« rief Balin und schlug ihr mit einem Hieb das Haupt ab.

Mit Entsetzen hatten Artus und seine Gäste den Streit verfolgt. Als aber Balin die wehrlose Frau vor aller Augen erschlagen hatte, mußte der

König handeln. Er sagte voller Zorn: »Komm mir nicht mehr unter die Augen, wenn dir dein Leben lieb ist!« Und er wies Balin aus der Burg und der Stadt Camelot hinaus.

Balin ritt davon. Und es war wirklich so, wie das Mädchen mit dem Schwert gesagt hatte – wohin er auch ging, überall klebte ihm das Unglück an den Fersen. So tötete er gegen seinen Willen im Zweikampf den Sohn des irischen Königs, und als dessen Liebste das sah, stürzte sie sich in ein Schwert, ohne daß Balin ihren Tod verhindern konnte. Trotzdem glaubte er noch immer nicht, daß ein Fluch auf seinem Schwert lag.

Es bedrückte ihn jedoch sehr, daß der König ihn fortgejagt hatte, und er überlegte, wie er Artus versöhnen könnte. Nun trieb in Nordwales Sir Rience nach wie vor sein Unwesen, schürte Haß gegen den König und fiel wie ein Räuber über Dörfer und Städte her. Die Kaufleute und Händler fürchteten Rience und weigerten sich, Waren in jene Gegend zu bringen. Also nahm Balin sich vor, Rience im Kampf zu stellen.

Auf dem Weg nach Wales traf Balin seinen Bruder Balan. Der hörte besorgt von Balins Plan. »Laß ab davon«, sagte er. »Rience ist mächtig und hat viele Verbündete. Er wird dich töten, wenn du in seine Nähe kommst.«

»Ich will lieber sterben, als bei Artus, meinem König, in Ungnade zu bleiben.«

»Dann sterben wir gemeinsam, lieber Bruder«, sagte Balan. »Ich werde dich begleiten, wenn es sein muß, bis in Riences Lager.«

So gelangten sie in die Gegend, in der Rience mit den Rebellen das Quartier aufgeschlagen hatte. Gerade beobachteten die beiden Ritter von einem Dickicht aus das Lager, da stand plötzlich wie aus dem Boden gewachsen ein Zwerg neben ihnen. Der sprach die Brüder an und sagte:

»Ohne meine Hilfe werdet ihr es nie schaffen, Rience zu besiegen.«

»Was forderst du von uns, wenn du uns beistehst?« fragte Balan.

»Tötet Rience nicht, sondern bringt ihn als Gefangenen nach Camelot.«

Balan lachte und sagte: »Das würden wir gern tun, aber Rience wird sich wohl kaum freiwillig in unsere Hände geben.«

»Heute nacht noch könnt ihr ihn überwältigen. Das gelingt euch, wenn ihr es nicht wie Artus macht, der damals Rience auch fangen wollte, doch lediglich seinen Mantel mit den Bärten in den Händen hielt.«

»Wir werden fester zupacken«, versicherten die Brüder.

»Wenn der Mond am höchsten steht«, sagte der Zwerg, »dann kommt Rience allein an jener Mooreiche vorbei, die dort im freien Feld steht. Er will seine Liebste heimlich besuchen.« Nach diesen Worten war der Zwerg ebenso plötzlich verschwunden, wie er gekommen war.

»Das Gesicht des Zwerges kam mir seltsam bekannt vor«, sagte Balan und zog seine Stirn nachdenklich in Falten. »Ich hab's!« rief er dann. »Ich glaube, es war der Zauberer des Königs. Es war Merlin.«

»Das kann gut sein«, bestätigte Balin. »Des Königs Feinde waren immer auch Merlins Feinde.«

Tatsächlich gelang es den Brüdern in dieser Nacht, Rience gefangenzunehmen. Sie eilten nach Camelot; und Artus freute sich, daß sein Widersacher endlich in seiner Gewalt war. Wegen dieser Tat verzieh er Balin und nahm ihn erneut in die Runde seiner Ritter auf. Balin aber war glücklich, sich wieder zu den Freunden des Königs zählen zu können.

»Wir werden dich in Zukunft den Ritter mit den zwei Schwertern nennen«, sagte Artus.

Balin bat daraufhin für seinen Bruder und sich: »Mein König und Herr, gern würden wir noch einmal ausziehen und neue Abenteuer erleben. Gib uns die Erlaubnis dazu.«

Nun wurde Artus' Blick von Merlin angezogen, der ihm starr ins Gesicht schaute und dem König ein Zeichen gab, Balin die Bitte abzuschlagen. Artus jedoch drehte Merlin unwillig den Rücken zu und sagte zu Balin: »Es ist eine Lust für jeden Ritter, Abenteuer zu bestehen. Ich will deinen Bruder und dich nicht daran hindern.«

Die Brüder bedankten sich, und Balin sagte: »Gleich morgen wollen wir losziehen.«

Als die Nacht schon fortgeschritten war und die anderen Ritter sich zum Schlaf niedergelegt hatten, saßen Merlin und Artus noch beisammen. Das Feuer im Kamin war zu einem Gluthaufen zusammengesunken. Wie so oft an anderen Abenden ließen Artus und Merlin die Ereignisse des Tages an sich vorüberziehen.

»Es ist eine auserlesene Schar von Männern, die du um dich gesammelt hast«, sagte Merlin. »Einst werdet ihr alle um einen Tisch sitzen und dafür sorgen, daß Friede und Recht im Land Bestand haben.«

Artus begann zu lachen, als er sich den Tisch vorstellte, an dem mehr als hundert Ritter Platz finden sollten. Doch er freute sich über die lobenden Worte des Freundes. Erst später fragte er Merlin: »Warum gabst du mir ein Zeichen, als ich Balin und Balan erlaubte, auszuziehen und neue Abenteuer zu suchen?«

Da stieß Merlin so heftig den Schürhaken in die Glut, daß die Funken aufstoben. Düster sagte er: »Diese beiden tapferen Recken wirst du nicht lebend wiedersehen. Ich weiß, daß es mit den Brüdern ein schreckliches Ende nehmen wird.«

Es war kühl in der Halle geworden. Artus wußte nicht, ob es die Nachtkälte oder das Unheimliche des Zauberers war, was ihm einen Schauer über den Rücken jagte. »Wer soll diese starken Ritter besiegen können?« murmelte er, stand auf und ging schlafen.

Balin und Balan zogen am nächsten Morgen in aller Frühe zwar gemeinsam hinaus, trennten sich aber schon bald.

Balin sagte: »Unser Herz wird fröhlich springen, Bruder, wenn unsere Wege sich wieder kreuzen.« Und Balan rief: »Auf bald, lieber Bruder!«

Balans Wunsch sollte sich allzu schnell erfüllen, denn nach wie vor lag ja der Fluch auf Balins Schwert . . .

Wohin Balin auch kam, immer wieder brachte er Unglück über die Menschen. Tod und Pest und Trauer folgten seinen Spuren. Schließlich wurde er davon schwermütig und hatte keine Freude mehr am Leben. Eines Tages gelangte er an eine Wegkreuzung und las ein Schild, das dort aufgestellt worden war: *Ein Ritter, der allein diesen Weg weiterreitet, der wird des Todes sein.* Trotzig spornte Balin sein Pferd an und folgte genau diesem Pfad.

Bald hörte er Lachen und Musik. Hoch über einem See lag eine feste Burg, und auf der Wiese vor dem Tor tummelten sich fröhliche Männer und Frauen. Balin wurde freundlich willkommen geheißen, und unter vielerlei Scherzen banden Mädchen ihm die Rüstung los, legten Balins zwei Schwerter ins Gras, kleideten ihn in ein festliches Gewand und bekränzten ihn mit Seerosen. Dann wurde er vor die Burgherrin geführt.

Balin begrüßte sie höflich, und auch sie hieß ihn willkommen. Sie sagte zu ihm: »Du könntest uns einen Gefallen tun.«

»Alles, was in meinen Kräften steht«, versprach Balin etwas voreilig.

»Nun«, sagte sie, »es ist bei uns so üblich, daß ein Ritter, der neu zu uns stößt, sich im Kampf mit einem anderen mißt.«

»Eine merkwürdige Sitte«, entgegnete Balin. »Aber wenn es denn sein muß, brauche ich mein Roß und meine Rüstung wieder.«

»Sieh dort die Insel im See«, fuhr die Herrin fort. »Auf dem Eiland im Wäldchen lebt der Ritter, der gegen dich kämpfen soll.«

Schon liefen einige junge Männer zu einem goldglänzenden Kahn, der am Ufer lag, und schoben ihn ins Wasser. Andere führten Balins Pferd herbei und brachten seine Waffen. Der, der seinen Schild trug, sagte: »Diesen Schild, edler Herr, kannst du nicht nehmen. Da schau, er hat von der Mitte bis zum Rand einen tiefen Sprung.«

Balin hatte zuvor von diesem Sprung nichts gesehen, aber er dachte sich nichts Böses. Ein anderer Schild wurde herbeigetragen, der ein fremdes Wappen trug, und Balin nahm ihn dankbar an.

Der Kahn war breit und groß. Zehn Ruderer brachten Balin und sein Pferd damit zu der Insel. Die Herrin der Burg und ihre Begleiter setzten ebenfalls mit Booten auf die Insel über. Eilfertig banden die Ruderer Balin die Rüstung fest, gürteten ihn mit seinen zwei Schwertern und setzten ihm den Helm auf. Da sprengte ein Ritter aus dem Wäldchen hervor. Er trug eine rote Rüstung. Einen Augenblick stutzte er, als er die zwei Schwerter am Gürtel seines Gegners sah; doch er kam nicht darauf, daß der Ritter sein Bruder war. Das Wappen auf Balins eigenem Schild hätte er ja schon aus der Ferne erkannt, und dieser Ritter trug einen Schild mit einem ganz fremden Zeichen. Sie ritten gegeneinander, daß die Lanzen brachen, und kämpften mit dem Schwert weiter. Die Funken sprühten, und die Klingen blitzten in der Sonne. Bald brachten die Kämpfer sich die ersten Verwundungen bei, aber keiner gab nach. Schließlich hatten beide schreckliche Wunden erhalten und so viel Blut verloren, daß sie sich schwer atmend und ermattet auf ihre Schwerter stützten und einhalten mußten. Der rote Ritter sank auf den Tod erschöpft zur Erde nieder.

»Nie traf ich auf einen stärkeren Gegner«, stieß Balin hervor. »Sag mir deinen Namen.«

»Ich bin Balan, der Bruder von Sir Balin.«

Vor Schreck und Entsetzen blieb Balin das Herz stehen, und er stürzte

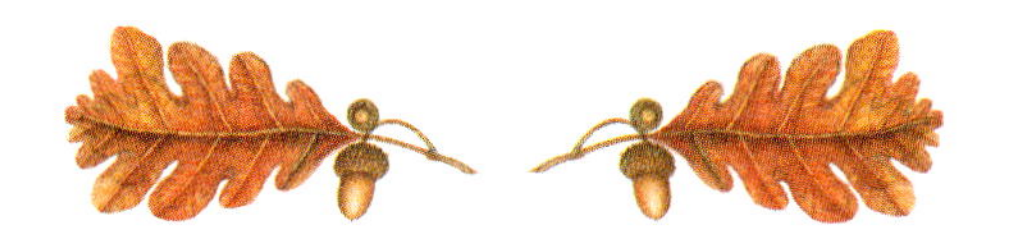

tot zu Boden. Balan kroch mit letzter Kraft zu ihm und schob ihm das Visier des Helmes hoch. Auch er mußte erkennen, daß er seinen eigenen Bruder getötet hatte.

Jetzt trat die Herrin der Burg, die mit ihrem Gefolge dem Kampf aus größerem Abstand begierig zugesehen hatte, näher heran, und Balan erkannte sie. Er sagte zu ihr: »Grausam ist deine Rache, Herrin vom See! Doch einen letzten Wunsch darfst du mir nicht verweigern. Ich bitte dich, lasse uns in einem einzigen Grab bestatten.«

Und so geschah es. Es heißt, daß Merlin in der Nacht gekommen sei; in eine große Steintafel habe er mit goldenen Lettern die Geschichte von Balin und Balan eingemeißelt.

Als bald darauf die Kunde vom Tod der beiden Ritter nach Camelot gedrungen war, trauerte Artus um seine beiden Gefährten und sagte zu Merlin: »Nie hat die Erde bessere Männer getragen.« Ein Sänger von Artus' Hof aber machte ein Lied, das von den Taten der Brüder berichtete: wie sie des Königs erbitterten Feind, Sir Rience, gefangengenommen hatten und wie sie durch die Rache der Herrin vom See arglistig um ihr Leben gebracht worden waren.

So mehrte sich selbst nach dem traurigen Ende dieses Abenteuers der Ruhm des Königs Artus und seiner Gefährten.

Für Britannien waren inzwischen Zeiten eines dauerhaften Friedens angebrochen. Eines Tages sagte Sir Kay zu Artus: »Mein König, im Lande mehren sich die Stimmen, die fragen, warum du nicht heiratest. Man sagt, Artus wird einst von uns gehen, und wer wird dann sein Nachfolger? Du solltest dir eine Frau nehmen und Kinder haben.«

Artus lachte auf. »Man kann es merken, daß wir beide bei Sir Ector, bei einem gemeinsamen Vater aufgewachsen sind. Oft treffen sich unsere Gedanken. Sage denen, die meine Hochzeit mit mir feiern wollen, daß der Tag bald kommen wird, an dem ich heirate.«

Am Abend ließ der König seinen Zauberer rufen. »Ich brauche deinen Rat, Merlin. Es wird Zeit für mich, daß unser Land eine Königin bekommt.«

»So ist es«, bestätigte Merlin. Er lächelte, weil er daran denken mußte, daß er es gewesen war, der einen Liebeszauber über Artus gesprochen hatte.

Artus sagte: »Ich habe lange darüber nachgedacht, und es sind mir alle Frauen in den Sinn gekommen, die mir nahe gewesen sind. Da ist Lionors, die Tochter von Senam, aber nichts mehr zieht mich zu ihr. Eine Frau jedoch, damals ein Mädchen noch, drängt sich immer wieder in meine Träume. Sie schaut mich mit ihren meergrünen Augen an, und ihre schwarzen Haare wehen im Wind. Es ist die Tochter von König Leodegrance von Camelerd, es ist Guinevere.«

Merlin zeigte keine Freude. Auf dieses Mädchen hätte sein Zauber die Gedanken des Königs ganz und gar nicht lenken sollen! Er sagte mißmu-

tig: »Es gibt doch viele schöne Mädchen in unserem Land. Muß es gerade Guinevere sein?«

»Ich liebe sie über alle Maßen.«

»Liebst du sie so, daß du sie und keine andere zu deiner Frau machen willst?«

»Ja, so sehr liebe ich sie.«

Merlin blickte finster vor sich hin. »Ich sehe«, sagte er, »daß Guinevere dir kein Glück bringen wird. Ihre Liebe wird einem anderen gehören, einem Ritter, der dir, mein König, sehr nahestehen wird. Er heißt Sir Lanzelot, und du wirst keinen besseren Ritter weit und breit finden. Aber wo die Liebe beginnt, da ist wohl jeder gute Rat vergebens.«

Artus wußte nicht, was er entgegnen sollte. Die heiße Liebesflamme brannte alle Bedenken hinweg, die ihm bei Merlins Warnung durch den Kopf schossen. Da fügte Merlin hinzu: »Ich sehe, die Hochzeit ist für dich eine beschlossene Sache. Du wirst dich nicht davon abbringen lassen, Guinevere zu heiraten. Also werde ich für dich nach Camelerd reisen und dein Brautwerber sein.«

In Camelerd wurde Merlin höflich empfangen. Als er König Leodegrance Artus' Begehren vortrug, war dieser außer sich vor Freude. Er hätte seine Tochter mit niemandem lieber vermählt als mit König Artus. Auch Guinevere erinnerte sich wohl an Artus, und es fiel ihr ein, daß er sie im Garten so lange angeschaut hatte. Sie fühlte sich geehrt, weil gerade der mächtige König Artus um ihre Hand warb. Ein warmes Gefühl von Zuneigung durchströmte sie, und sie hielt es für Liebe.

König Leodegrance sagte: »Ich habe eine besondere Mitgift für meine Tochter. Der Vater von Artus, Uther Pendragon, schenkte mir einst einen großen runden Tisch, zum Dank für meine Hilfe in vielen Schlachten. Einhundertvierundvierzig Ritter finden daran Platz. Er sieht aus wie ein

riesiges Rad, nur die Mitte ist ausgespart. Diese herrliche Tafel soll mein Hochzeitsgeschenk sein und dazu an die hundert Ritter, untadelige Männer, die in den Dienst des Königs Artus treten sollen.«

Merlin unterdrückte ein Lachen, als Leodegrance so ausführlich den Tisch beschrieb. Er kannte ihn nämlich gut. Merlin hatte viele Jahre zuvor einen Traum gehabt, in dem ihm befohlen worden war, eben diesen Tisch von einem Meister und zwölf Zimmerleuten herstellen zu lassen. Im Traum sah er, daß sich um diese Tafel alle Mächtigen von Britannien scharten und ihren Hader und ihre Zwietracht untereinander vergaßen. Doch das Traumgesicht lag lange zurück. Merlin hatte wohl Uther Pendragon begeistert von einer solchen Tafel erzählt und ihm gesagt: »An einer runden Tafel gibt es kein unten und oben, und keiner kann sich zurückgesetzt oder übervorteilt fühlen. Alle können wie Brüder sein, wenn sie an einem solchen Tisch ihren Platz haben.« Und Uther Pendragon hatte auch eine derartige Tafel zimmern lassen; aber er hatte doch wohl nicht recht verstanden, was es damit auf sich hatte. Jedenfalls hatte er sie seinem Kampfgefährten Leodegrance zum Geschenk gemacht.

Aber all das sagte Merlin am Hofe zu Camelerd nicht. Er wünschte nur mit ganzer Kraft, daß sich mit Artus erfülle, wovon er vor so langer Zeit geträumt hatte.

Es war nicht leicht, die Tafel in die Hauptstadt des Königs nach Camelot zu schaffen, doch als sie in der Halle aufgebaut war und die hundertvierundvierzig Stühle rundum standen, hatte Artus seine Freude daran. Nun hielt Merlin die Zeit für gekommen, Artus von seinem Traum und der Bedeutung des Tisches zu berichten. Artus nahm die Botschaft begeistert auf und nannte sogleich die Namen der Ritter, die zur Tafelrunde gehören sollten.

Kaum hatte er sie aufgezählt, da sagte Merlin: »Schau auf die Stühle.« Und Artus sah, daß die Namen der Ritter auf den Stuhllehnen in goldenen Buchstaben erschienen. Sir Pellinor hatte ganz in der Nähe des Königssitzes seinen Platz, und all die großen Namen seiner Getreuen aus dem ganzen Reich waren rings auf den Lehnen verzeichnet.

Staunen ergriff Artus, und er lief von Stuhl zu Stuhl und las laut die Namen vor. Aber mit einem Male stutzte er. »Wieso steht dort mein Neffe Gawain eingeschrieben?« fragte er. »Gawain ist doch noch gar kein Ritter.«

Er schritt einen Platz weiter und sagte: »Und da lese ich den Namen Torre. Den habe ich nie zuvor gehört.«

»Du wirst an deinem Hochzeitstag davon hören«, versprach Merlin. »Hab nur Geduld. Die Hochzeit wird ja Pfingsten sein.«

»Und drei Stühle tragen gar keinen Namen.« Artus konnte nicht aufhören, sich zu wundern.

Merlin deutete auch dieses Rätsel und sagte: »Geduld, Geduld, mein König. Einer ist für Sir Lanzelot, der übers Jahr kommen wird. Er ist der Sohn deines Kampfgefährten Ban. Keinen besseren Ritter wird es geben als ihn. Der andere Stuhl bleibt für Parzival frei. Noch ist er nicht geboren. Aber er wird es sein, der dem heiligen Gral besonders verbunden ist.«

»Erzähl mir vom heiligen Gral«, bat Artus. »Es wird gelegentlich davon geredet, doch keiner, den ich bisher fragte, wußte so recht, wie es sich damit verhält.«

»Diese Tafel hier, mein König, erinnert an jenen Tisch im Saal zu Jerusalem, an dem Jesus Christus das letzte Abendmahl mit seinen Jüngern gefeiert hat. Er reichte ihnen damals den Kelch mit seinem Blut für das Leben der Menschen. Dieser Kelch ist der heilige Gral. Wie den Jüngern im Abendmahlsaal, so bringt er auch heute Frieden und Versöh-

nung in die Welt. Nur ein Mensch mit einem reinen Herzen kann dem Gral nahe kommen.«

»Also Parzival?« fragte Artus.

»Vielleicht Parzival«, sagte Merlin.

Und so sollte es später kommen. Nach mancherlei Irrungen und Wirrungen wurde Parzival, ein Ritter der Tafelrunde, der Hüter des heiligen Grals. Aber zuvor nahmen noch viele andere edle Ritter ihren Platz in König Artus' Tafelrunde ein.

er Pfingsttag kam heran, und der Bischof vermählte Artus mit Guinevere in der Kathedrale zu Camelot. Artus konnte die Augen nicht von seiner Braut wenden. Guinevere trug ein Kleid, weiß wie Meerschaum, und einen Kranz von Blüten im Haar. Diese glichen den Blumen, die sie einst im Garten in Händen gehabt hatte, als sie Artus zum ersten Mal begegnet war. Ja, Guinevere war so schön, daß alle von ihr bezaubert waren.

In der festlichen Schar der Gäste schritt das Paar nach der Trauung sodann aus dem Dom und begab sich auf den Weg zur Burg, die auf dem Berg über der Stadt lag. Plötzlich stockte der Zug, und es traf ein, was Merlin dem König bereits angekündigt hatte, als die runde Tafel aufgestellt worden war: Gawain, der Sohn des Königs Lot von den Orkneyinseln, kniete vor Artus nieder und begehrte den Ritterschlag. Artus zog das Schwert und sagte: »So jung du auch bist, sei ein tapferer und treuer Ritter«, und versetzte ihm den Schlag auf die Schulter.

Im Burghof gab es einen weiteren Aufenthalt. Ein alter Hirte fiel vor Artus nieder und rief: »Es ist ein guter Brauch, daß der König an seinem Hochzeitstag die Bitte eines armen Mannes erhört!«

»Sprich dein Begehren aus, und wenn es mir möglich ist, will ich dir deinen Wunsch erfüllen.«

Der Hirte sagte: »Ich habe viele Söhne. Sie alle sind fleißig und hüten ihre Herden gut. Aber mein Sohn Torre ist anders als sie. Von Kindesbeinen an hat er sich im Reiten und Fechten geübt. Er stößt die Lanze sicher ins Ziel, und sein Pfeil trifft einen Vogel im Flug. Er taugt nicht zum Hirten. Ich bitte dich, schlage ihn zum Ritter.«

»Einen Hirtenjungen soll ich zum Ritter schlagen?« König Artus mußte über dieses Ansinnen lachen, und die in seiner Nähe standen und alles mit angehört hatten, riefen: »Unverschämt« und: »Dreist« und: »Jagt den aufdringlichen Menschen davon!«

Merlin aber tuschelte dem König zu: »Du weißt, sein Name stand auf dem Stuhl an der Tafel. Erfülle dem alten Mann den Wunsch. Einen treueren Ritter als Torre wirst du nie bekommen.«

»Besitzt du ein Schwert?« fragte Artus den Sohn des Hirten.

Der schlug seinen Umhang zurück und wies auf die Waffe an seinem Gürtel.

»Knie nieder«, befahl Artus. Er zog dem jungen Mann das Schwert aus der Scheide, schlug ihm ein wenig hart die flache Klinge auf die Schulter und sagte: »Sei ein tapferer und treuer Ritter.«

Und so erfüllte sich alles genau, wie Merlin es für Artus und die Tafelrunde vorhergesehen hatte.

Endlich saßen die Ritter alle in der Runde. Die Frauen hatten ihre Plätze an den Tischen ein wenig abseits gefunden. Aber noch bevor das Hochzeitsmahl aufgetragen wurde, tat sich die Tür der Halle auf, und ein herrlicher weißer Hirsch preschte herein. Eine weiße Hündin verfolgte ihn, und mit wütendem Gekläff stoben an die sechzig schwarze Jagdhunde hinterher.

Die weiße Hündin erreichte den Hirsch und riß ihm eine Wunde in die Seite. In seiner Not sprang der Hirsch mit einem mächtigen Satz über einen Ritter hinweg und floh wieder durch die Tür. Als die Hündin ihm nachsetzen wollte, packte der Ritter sie, preßte das Tier fest an sich und lief ebenfalls zur Tür hinaus. Man hörte für einen Augenblick den Hufschlag eines Pferdes – offenbar hatte der Ritter die Verfolgung des

Hirschen aufgenommen. Die schwarzen Hunde aber verschwanden mit höllischem Geblaffe, so schnell, wie sie gekommen waren.

Noch saßen die Ritter der Tafelrunde stumm vor Staunen, da gab es schon wieder eine Überraschung. Es tänzelte ein feuriger Schimmel herein, und darauf saß eine zierliche Dame in einem weißen Kleid.

»König Artus«, rief sie, und ihre Stimme klang erregt, »mir ist an deinem Hochzeitstag Schlimmes geschehen! Der Ritter, der nicht schnell genug von dem Fest wegreiten konnte, hat mir meine weiße Hündin gestohlen. Ist es üblich, daß unter Artus' Gästen Diebe sitzen dürfen?«

Artus kam gar nicht dazu, sie nach ihrem Namen zu fragen und ihr zu antworten; denn es folgte der Dame ein Reiter, faßte sie bei den Haaren und zerrte sie ins Freie, so sehr sie auch klagte und schrie.

Danach schwieg Artus eine Weile, doch zuletzt sagte er, als ob überhaupt nichts geschehen wäre: »Laßt uns mit dem Hochzeitsmahl beginnen.«

Merlin aber widersprach und rief: »Willst du wirklich eine Dame diesem Unhold überlassen? Hier sitzen doch nahezu zweihundert Ritter, die alle dazu verpflichtet sind, Menschen in Not zur Hilfe zu eilen!«

»Das ist wahr«, gestand Artus. Wäre es nicht sein Hochzeitstag gewesen, er hätte sicher selbst sein Pferd gesattelt, um der fremden Dame beizustehen. So jedoch ließ er es zu, daß Sir Gawain aufstand, der gerade zum Ritter geworden war, und sagte: »Erlaube mir, Herr, mein erstes Abenteuer zu bestehen. Ich will dem weißen Hirschen nachjagen.«

Und Sir Torre, der den Ritterschlag noch auf der Schulter spürte, erbot sich, dem entflohenen Ritter die Hündin abzujagen und sie zu Artus zu bringen. Auch Sir Pellinor schob seinen Stuhl zurück und sagte: »Ich dachte schon, es wäre eben jenes Tier in die Halle gestürmt, dem ich seit Jahren auf der Spur bin. Ich habe mich wohl getäuscht, aber ich will der

Dame helfen. Vielleicht kann sie mir mehr über jenes Wesen sagen, dem ich nachjage.«

Artus erfüllte den drei Recken ihre Bitten und ließ sie ziehen.

Gawain setzte sich auf die Fährte des Hirschen. Es war nicht schwer, seinem Lauf zu folgen, denn immer noch rannten die schwarzen Hunde hinter ihm her. Ihr Gekläff wies Gawain den Weg. Er mußte jedoch viele Stunden reiten, bis er den Hirsch zu sehen bekam.

Das Tier flüchtete sich gerade in einen Burghof, die Hunde dicht auf den Fersen. Als Gawain das Tor erreichte, stand der Hirsch mit gesenktem Kopf und zitternden Flanken; die Hunde griffen ihn an, rissen ihn nieder und zerfleischten ihn.

Durch den Lärm angelockt, stürmte ein Ritter in voller Rüstung auf den Hof. Er schlug mit dem Schwert wütend auf die Hunde ein, und bald troff die Klinge vom Blut der Tiere.

»Mein schöner Hirsch!« schrie er immer wieder, und seine Wut wuchs und wuchs.

»Aufhören!« rief Gawain laut. »Zuerst drillst du die Hunde für die Hatz, und wenn sie dann tun, was du sie gelehrt hast, dann tötest du sie!«

»Was mischst du dich ein? Der Hirsch war ein Geschenk meiner Liebsten. Hätte ich doch besser auf ihn achtgegeben!« Und der Ritter stieß und schlug mit seinem Schwert zu wie von Sinnen.

»Mach ein Ende mit dem Töten!« sagte Gawain und stellte sich zwischen den Ritter und die Tiere.

»Du trittst mir in meiner eigenen Burg in den Weg?«

Gawain sagte ruhig: »Hätten die Hunde den Hirsch nicht getötet, dann hätte ich ihn erjagt.«

Der Ritter winkte seinem Knappen und ließ sein Roß herbeiführen.

»Bezahle deinen Übermut mit dem Leben!« rief er, nahm seine Lanze hoch und ritt auf der Stelle gegen Gawain.

Es wurde ein harter Streit, denn beide hatten gelernt, mit ihren Waffen umzugehen. Als die Lanzen zersplittert waren, stiegen sie von den Pferden und setzten den Kampf mit den Schwertern fort. Die Wut des Ritters war auf Gawain übergesprungen. Immer heftiger wurden seine Schwerthiebe, bis die Kräfte des Ritters erlahmten und seine Schwäche ihn straucheln ließ. Er stürzte zu Boden.

»Ich bitte dich, laß mir mein Leben«, flehte er Gawain an.

Die Ritterehre hätte Gawain geboten, Gnade walten zu lassen, aber er riß im Kampfeseifer dem Ritter den Helm vom Kopf und wollte ihn erschlagen. Schon schwang er sein Schwert zum tödlichen Streich, da sprang die Frau des Ritters voller Angst um das Leben ihres Mannes dazwischen. Gawains Schwert fuhr nieder und tötete sie.

Nun sah Gawain, was er angerichtet hatte, und alle Wut fiel von ihm ab. Niedergeschlagen sagte er zu dem Ritter: »Ich will dein Leben verschonen. Nimm dein Pferd, lege zwei Hunde darauf, die du getötet hast, und die Frau ebenfalls. Dann zieh nach Camelot, berichte dem König alles und verschweige nicht, daß ich den Tod deiner Frau verschulde.«

»Meine Liebste ist tot«, klagte der Ritter. »Du hast ihr mit deinem Schwertstreich das Leben genommen und damit zugleich das meine zerstört.«

Unter Tränen zog er mit seiner traurigen Last auf Camelot zu.

Einige Tage später trat Gawain selbst vor den König und bestätigte alles, was der Ritter erzählt hatte.

Artus wurde zornig und wollte Gawain von seinem Platz in der Runde der Ritter fortjagen. Aber Guinevere sagte: »Er hat einer Frau Böses

zugefügt. Artus, mein Herr, laß uns Frauen darüber beraten, was mit Sir Gawain geschehen soll.«

Artus stimmte zu. Am Abend verkündete Guinevere das Urteil der Frauen. »Gawain, du wirst ein ganzes Leben nötig haben, um deine Untat zu sühnen. Willst du ein Ritter der Tafelrunde bleiben, dann schwöre, daß du zu allen Zeiten und an allen Orten für jede Frau eintrittst, die deine Hilfe nötig hat.«

Das schwor Gawain bei allen Heiligen und legte dabei die Hand auf die Bibel. Und diesen Schwur hielt er bis zu seinem Tod.

Torre erging es besser als Gawain. Zwar suchte er lange nach der weißen Hündin, aber dann begegnete ihm ein Zwerg.

»Nimm mich als deinen Knappen an«, bat der Zwerg. »Ich kann dir den Weg wohl zeigen, der dich zu deinem Ziel führt.«

Torre hatte von seinem Vater gehört, daß man sich mit den Zwergen gut stellen mußte, weil sie sonst mit den Hirten und Herden ihren Schabernack trieben. Er stimmte also zu.

Der Zwerg führte ihn lange durch den Wald. Zweimal stellten sich ihnen Ritter in den Weg, aber beide Male konnte Torre sie bezwingen. Als sie um Gnade baten, tötete Torre sie nicht. Er sandte sie vielmehr zu König Artus, dem sie berichten sollten, daß Sir Torre, der Hirtensohn, sie bezwungen habe.

Endlich erreichten Torre und der Zwerg einen großen See. Sie sahen ein kostbares Zelt, das mitten auf dem Uferstreifen aufgeschlagen war. Daraus schallte das Gekläff der weißen Hündin. Torre betrat das Zelt und fand eine junge Frau. Sie hatte farblose Augen, und ihr Haar war über und über mit kleinen, roten Blüten geschmückt. Sie fragte herrisch: »Was willst du von mir?«

»Ich habe König Artus versprochen, ihm die Hündin zu bringen.«

»Wenn du mir meine Lieblingshündin wegnimmst, wird es dich teuer zu stehen kommen«, drohte sie, und ihre Augen funkelten.

Torre fürchtete sich nicht vor ihr, sondern lachte auf, griff die Hündin und übergab sie dem Zwerg.

Sie ritten davon. Da erscholl hinter ihnen der Hufschlag eines schnellen Pferdes. Ein Ritter preschte heran und forderte: »Gib das Tier sofort heraus, Torre! Es gehört dir nicht. Heraus damit, oder ich nehme es mir mit Gewalt!«

Statt einer Antwort ließ Torre sich von dem Zwerg die Lanze reichen.

Es wurde ein Kampf auf Leben und Tod, bei dem Torre schließlich Sieger blieb. Der Ritter bat ihn um Gnade, und Torre schenkte dem Besiegten das Leben. In diesem Augenblick ritt eine andere Dame auf einem edlen Pferd herzu, die den fremden Ritter anklagte und sagte: »Der da auf dem Boden vor dir liegt, das ist Sir Arabell, der meinen einzigen Bruder umgebracht hat! Arabell hat ihn im Zweikampf besiegt, und mein Bruder bat so um Gnade, wie Arabell vor dir getan hat. Ich selbst habe mich vor Arabell in den Staub geworfen und gefleht, er möge meinen Bruder verschonen. Trotzdem hat er ihm das Schwert in die Brust gestoßen.«

Torre hatte seine Aufmerksamkeit ganz auf die Dame gerichtet. Diese Gelegenheit nützte Sir Arabell und floh dem Walde zu. Torre aber warf ihm seinen Speer nach und tötete den Mörder.

Die Dame dankte ihm sehr und lud ihn ein, mit in ihre Burg zu kommen und sich vom Kampf zu erholen. Torre jedoch lehnte das Angebot höflich ab, denn es drängte ihn, zu Artus zurückzukehren, ihm die Hündin zu bringen und von seinem Ausritt zu erzählen.

Drei Tage dauerte sein Ritt, bis er Camelot wieder vor sich liegen sah.

Er berichtete in der Runde der Ritter alles, was er erlebt hatte, und Artus belohnte ihn reich mit Geschenken. Merlin sagte: »Die erste Ausfahrt hat der junge Ritter gut bestanden, aber von seinen zukünftigen Taten wird ganz Britannien reden.«

»Was sind das für Taten?« fragte Artus seinen Zauberer. Auch die Ritter der Tafelrunde hätten gern gehört, welches Schicksal Torre beschieden war, doch Merlin verweigerte die Antwort. Er sagte: »Wenn ein Mensch seine Zukunft kennt, wie soll er dann noch selber handeln? Er spürt keine Verantwortung mehr für das, was sein wird, und läßt willenlos kommen, was kommt.«

Das sahen Artus und die Ritter ein, und sie drangen nicht weiter in Merlin.

Sir Pellinors Ausritt wiederum verlief unglücklich. Er ritt los, um die Dame zu suchen, die auf so grobe Weise aus der Königshalle geraubt worden war. Aber welche Richtung sollte er einschlagen? Als er noch überlegte, bemerkte er einen Falken, der sich in einer Schlinge verfangen hatte. Er befreite den Vogel und warf ihn in die Luft. Der Falke flog geradewegs auf einen großen Wald zu. Sir Pellinor nahm das als Zeichen und wählte ebenfalls den Weg zum Wald.

Am Waldrand traf er auf ein Mädchen, das dort saß und weinte und jammerte. Als Sir Pellinor sich näherte, rief sie: »Steh mir bei, du fremder Ritter! Sieh her, mein Liebster ist von einer Lanze schwer verletzt worden. Bring uns nach Camelot, damit ich ihn dort pflegen kann.«

Doch Pellinor fürchtete, den Falken aus den Augen zu verlieren, und ritt vorbei. Da rief das Mädchen ihm einen Fluch nach und schrie: »Ich wünsche dir, daß du einst in große Not gerätst und niemand herbeieilt, um dir zu helfen!«

Kurze Zeit später sah Pellinor, wie der Falke sich auf der Faust eines Jägers niederließ.

»Hast du nicht eine Dame in weißen Kleidern gesehen, die von einem Mann mit Gewalt fortgeschleppt wurde?« fragte Pellinor den Jäger.

Der antwortete: »Nicht weit von hier kämpfen zwei Ritter um eine Frau, die so aussieht, wie du sie beschrieben hast. Der erste hat behauptet, er habe sie im Kampfe gewonnen, der andere sagte, sie sei ihm verwandt. Sie ritten gegeneinander los. Ich dachte mir: Wo sich zwei mächtige Herren streiten, tut ein armer Jäger gut daran, es so zu machen wie die Hasen – die drücken sich auch davon, wenn das Jagdhorn erschallt.«

Pellinor schlug den Pfad ein, den der Jäger ihm wies. Bald hörte er den Kampfeslärm, und dann sah er die weißgekleidete Dame, von zwei Knappen bewacht, am Waldrand stehen. Er trabte auf die Kämpfer zu und stellte sich zwischen sie.

»Aus dem Weg!« rief der eine. »Ich bin Sir Meliot und verteidige meine Verwandte.«

»Und mein Name ist Sir Outelake, und ich trage das Wappen von Wendland im Schild. Ich habe diese Dame in ehrlichem Kampf gewonnen und werde sie nicht hergeben.«

»Du lügst«, entgegnete Sir Pellinor, »ich war dabei, als du sie mit Gewalt aus Artus' Halle raubtest. Ich werde die Dame nach Camelot in Sicherheit bringen.«

Nun vergaßen die Ritter ihre Zwietracht und wandten sich beide gegen Sir Pellinor. Sir Meliot wollte zuerst angreifen, doch schon bohrte Sir Outlake Pellinors Pferd die Lanze in die Flanke, so daß es zu stürzen drohte. Pellinor wehrte sich und hieb mit einem so gewaltigen Streich auf Outelake ein, daß dessen Eisenhelm zersprang und er tot zu Boden sank.

Da mußte Meliot erkennen, daß Pellinor für ihn zu stark war. Er wurde von Angst gepackt und legte seine Lanze und sein Schwert beiseite. »So nimm denn, was du begehrst«, sagte er und wollte davonreiten.

Pellinor hielt ihn fest. »Bevor ich dich gehen lasse, mußt du mir den Namen der Weißen Frau sagen«, forderte er.

»Sie heißt Nimue von den Wassern«, sagte Meliot, riß sich los und eilte davon.

Sir Pellinor wechselte das Pferd und bestieg das Tier des besiegten Ritters. Er setzte Nimue hinter sich und machte sich auf den Weg nach Camelot. Dabei war er guter Dinge, weil sein Abenteuer so erfolgreich verlaufen war. Doch unterwegs machte er eine schreckliche Entdeckung. Er gelangte zu jener Stelle, an der ihn das Mädchen auf dem Hinweg um Hilfe angefleht hatte, und dort zeigte sich ihm ein grausiges Bild: Das Mädchen und der Ritter, der ihr Liebster gewesen war, lagen tot nebeneinander. Ihre Leiber waren von wilden Tieren zerrissen worden. Ein Einsiedler, der in der Nähe seine Klause hatte, war dabei, ein Grab für sie auszuheben.

Voller Schmerz rief Pellinor: »Schande über mich, ich hätte ihr helfen können, aber ich bin vorbeigeritten!«

Die Dame in seinem Sattel zeigte indes wenig Mitleid und sagte: »Reite nur weiter. Du hast mich finden wollen. Dir blieb also keine Zeit, ihr zu helfen.«

Diese Worte Nimues klangen kalt und konnten Pellinor nicht trösten. Er stieg vom Pferd, schnitt der Toten ihr langes, goldglänzendes Haar ab und sagte: »Das will ich zum Zeichen meiner Schande den Rittern der Tafelrunde vorweisen; sie werden sonst kaum glauben, daß ein Ritter aus ihrem Kreis so schändlich handeln konnte.«

Pellinor kehrte zurück, gerade als Artus mit seinen Rittern zum Ge-

richtstag Platz genommen hatte. Sie lauschten, wie der König Bittsteller anhörte und Streitfragen entschied. Nun übergab Sir Pellinor Nimue in den weißen Kleidern an die Königin Guinevere und erzählte alles, was sich ereignet hatte. Traurig hielt er das blonde Haar in der Hand.

Guinevere sagte: »Wie konntest du nur so schändlich handeln und das Mädchen in der Not allein lassen?«

»Meine Herrin, meine Königin«, erwiderte Sir Pellinor, »diese Schuld wird mich noch bedrücken, wenn ich einst auf dem Sterbebett liege.«

Da räusperte Merlin sich und sagte zu Pellinor: »Deine Trauer wird unermeßlich sein, denn das Mädchen war deine eigene Tochter. Sie heißt Alyne, und du hast sie vor Jahren mit Frau Rule gezeugt. Der Liebste deiner Tochter, Sir Myles vom Unterland, ist hinterrücks von einem Strolch erstochen worden. Kurz nachdem du, Sir Pellinor, vorübergeritten bist, statt zu helfen, ist er gestorben. Danach hat sich Alyne selbst den Tod gegeben.«

Sir Pellinor verhüllte sein Haupt, doch Merlin fuhr unerbittlich fort: »Ihr Fluch, Sir Pellinor, wird sich auf schreckliche Weise erfüllen. Der beste Freund, den du liebst und dem du vertraust, wird dich verraten und verlassen, wenn du einst mit dem Tode ringst.«

Pellinor aber entgegnete: »Gottes Barmherzigkeit kann jeden Fluch auslöschen. Und Gott allein weiß, wie unglücklich ich über mein Vergehen bin.«

So endeten die Abenteuer jener Ritter, die als erste im Namen der Tafelrunde vom Hof des Königs Artus aufgebrochen waren.

ie Hochzeit von Guinevere und Artus war zwölf Tage lang gefeiert worden. Am letzten Abend versammelte Artus all seine Ritter noch einmal um die Tafel. Er ließ sie Mann für Mann auf die Gesetze der Tafelrunde schwören, die er und Merlin aufgeschrieben hatten:

Sie sollten den Frieden mehr lieben als den Streit.

Niemals sollten sie sich an einem Mord beteiligen, niemals Verrat üben.

Den Witwen und Waisen sollten sie ein starker Schild sein.

Den Armen mußten sie helfen.

Nie durften sie ihren eigenen Vorteil suchen oder sich durch Geld bestechen lassen.

Darauf legten alle Ritter einen heiligen Eid ab. Und jedes Jahr an Pfingsten wollten sie in der Tafelrunde diesen Schwur erneuern.

Das war der Tag, an dem bei vielen Menschen die Gewißheit aufblühte, daß Gerechtigkeit und Friede für lange Zeiten in Britannien herrschen sollten.

Was Merlin vorausgesagt hatte, war also in Erfüllung gegangen: »Ein Mann, stark wie ein Eber, wird aus Cornwall kommen und Britannien einigen. Die Feinde des Landes werden zerschmettert sein.«
Merlin wußte, daß seine Aufgabe damit erfüllt war.

Er wollte nun Artus darauf vorbereiten, daß dieser allein und ohne Hilfe die Geschicke seines Volkes in die Hand nehmen mußte. Deshalb suchte er eine gute Gelegenheit, den König unter vier Augen zu sprechen. Eines

Abends wartete er, bis alle anderen sich zur Ruhe begeben hatten. Artus hockte allein vor dem Kaminfeuer und schaute in die letzten, bläulich züngelnden Flämmchen.

Merlin setzte sich dicht neben ihn. »Mein König, mein Herr«, sagte er leise, »ich bin alt geworden, und weiß ist mein Haar. Noch spüre ich zwar die geheimen Kräfte in mir, aber was heute noch da ist, kann morgen schon erstorben sein. Ich habe viele Jahre den Königen von Britannien mit Rat und Listen gedient – erst Vortigern, dann Ambrosius, schließlich deinem Vater Uther Pendragon, und von deinem ersten Atemzug an bis auf den heutigen Tag diene ich dir. Ich habe meine Schuldigkeit getan. Du wirst von nun an ohne mich auskommen müssen. Meine Zeit ist gekommen. Ich muß dich verlassen.«

Artus lächelte und sagte: »Was für große Worte für einen Mann, dem der Johannestrieb blüht!« Er deutete damit an, was ihm schon längst aufgefallen war: Merlin hatte sich nämlich Hals über Kopf in jene Dame verliebt, die Sir Pellinor mit nach Camelot gebracht hatte.

»Ich werde dir Urlaub gewähren, solange die Flamme der Leidenschaft dir den Verstand verbrennt«, sagte Artus, da er annahm, daß Merlin nur ein kurzes Liebesabenteuer suchte.

Merlin aber bekannte: »Herr, es ist wahr, mein Haar ist grau wie das Eis auf den Bergspitzen, doch unter dem Eisgipfel glüht ein Feuer wie in einem Vulkan. Ich vergehe vor Sehnsucht nach Nimue, und alles in mir ist begierig, sie für immer zu besitzen.«

»Wegen einer so jungen Frau willst du mich für immer verlassen?«

»Ja, mein König. Nimue ist eine der Frauen vom See, und sie kann einen Mann wie mich wie einen Fisch im Netz einfangen. Morgen wird sie von Camelot weggehen. Ich ziehe ihr nach. Sie wird mich, ich sehe es voraus, ins Verderben führen.«

»Du weißt es«, staunte Artus, »und du willst mit all deinen Zauberkräften nichts tun, um dich zu retten?«

»Kein Zauber ist stärker als der Zauber der heißen Liebe«, sagte Merlin.

Der König starrte lange grübelnd in das verlöschende Kaminfeuer. Als er aufschaute, war Merlin verschwunden, und Artus sollte ihn nie mehr sehen.

Nimue verließ tags darauf Camelot. Merlin lief wie ein Tor hinter ihr her. In den folgenden Wochen bettelte er um ihre Gunst, doch sie versagte sich ihm. Sie mochte ihn aber auch nicht fortjagen, weil sie von seinen Künsten wußte. Man hatte am Hof viele Wunderdinge von seiner Zauberei erzählt und gemunkelt, sein Vater sei ein Geist aus den Tiefen der Erde gewesen, vielleicht gar ein Teufel. Deshalb fürchtete sie sich, Merlin zu beleidigen. Indessen wurde er ihr von Tag zu Tag lästiger, und sie suchte nach Wegen, sich seiner zu entledigen. Sie begann, ihn nach seinen Zauberkräften zu befragen, und weckte in ihm die Hoffnung, sie wolle ihm ganz gehören, wenn er sie in der Zauberei unterweise.

Merlin ließ sich betören; er lehrte Nimue so manchen Spruch und zeigte ihr, wie man Mixturen aus Kräutern mischen konnte, die sowohl einen Zauber hervorzubringen wie ihn auch wieder zu bannen imstande waren. Auch das Werfen und Deuten der Schafsknochen war ihr bald kein Geheimnis mehr.

Eines Tages gelangten sie an einen Felsen in Cornwall. »In diesem Stein, Nimue, befindet sich eines der größten und schönsten Wunder der Welt«, verriet Merlin.

Nimue sagte: »Das will ich erst glauben, wenn ich es mit eigenen Augen sehen kann.«

Merlin erwiderte: »Den Fels zu öffnen, ist für mich nicht schwer; aber wenn er sich hinter uns durch einen besonderen Spruch schließt, dann kann ihn nie wieder jemand öffnen!«

Nimue fragte neugierig: »Durch kein Wort und kein Kraut und durch nichts, was die Erde trägt?«

»Du sagst es. Aber es ist in dem Felsen so wunderbar, daß man sich nicht danach sehnt, wieder hinauszukommen.« Merlin geriet ins Schwärmen: »Ein Teil des Wunders ist ein Prachtgemach, erleuchtet mit dreihundertdreiunddreißig Kerzen, die niemals erlöschen. Und mitten in der herrlichen Kammer ist eine Lagerstatt. Die Frau, die dort mit einem Manne schläft, wird ewig glücklich sein.«

»Lehre mich den Spruch, der den Felsen verriegelt!« forderte Nimue. »Vielleicht ist das Lager gerade richtig, daß wir uns gemeinsam darauf niederlassen.«

Da überflutete Merlin die Begierde nach Nimue so heftig, daß er auch die Reste seines Verstandes verlor. Er verriet ihr den Spruch und öffnete den Felsen. Ein betörender Duft strömte daraus hervor.

»Geh du voran«, bat Nimue und tat, als ob sie zu ängstlich sei, als erste die Felsenkammer zu betreten.

Merlin schritt hinein. Nimue aber sprang zurück und rief laut den Zauberspruch, der durch nichts zu bannen war. Und der Felsen schloß sich, noch ehe Merlin wieder herauskommen konnte. Als Nimue von den Wassern das sah, lachte sie laut auf und ritt davon.

Niemand mehr hat seitdem Merlin gesehen. Doch ab und zu grollt es noch heute in jener Gegend im Boden tief unter den Füßen. Dann sagen die Leute: »Merlin rührt sich im Berge.«

Aber genau weiß es niemand, wo jener Ort ist, an dem die Erde den Zauberer des Königs aufgenommen hat . . .

Als Merlin ihn verlassen,
Fühlt' Artus sich allein.
Er konnte es nicht fassen,
Ganz ohne ihn zu sein,
Weil ihm des Zaubrers guter Rat
Oft und oft geholfen hat.

Jetzt muss dies Lied verklingen.
Verschwunden ist Merlin.
Ein andrer mag besingen
Der Ritter Taten kühn
Und bringen neue Kunde
Von Artus' Tafelrunde.

In der Reihe

»Das besondere Buch«

sind bisher erschienen:

Willi Fährmann / Jindra Čapek

Roter König – weißer Stern

Die poetische Erzählung vom vierten König, der sich aus dem Land der Indianer auf die Suche nach dem Stern von Bethlehem macht.
80 Seiten. Durchgehend vierfarbig illustriert.

Jurij Brězan

Die Abenteuer des Kater Mikosch

Die Geschichte vom Kater Mikosch, der unfreiwillig durch die Welt reist und erst mit Hilfe eines Zirkustricks wieder nach Hause zu seinem Freund Thomas kommt.
80 Seiten. Mit zahlreichen Illustrationen von Květa Pacovská.

Michel Tournier

König Goldbart

Nacht für Nacht stiehlt ein kleiner weißer Vogel ein Haar aus dem goldenen Bart des Königs.
Als der sich auf die Suche nach dem Dieb macht, erfährt er eine wunderbare Verwandlung.
48 Seiten. Durchgehend vierfarbig illustriert von Inge Sauer.